本书为北京大学国际战略研究院资助项目成果

智库 中社

国家智库报告 2017（6）
National Think Tank

国际问题研究

# 中国与拉丁美洲的农业合作

郭洁 著

CHINA'S AGRICULTURAL ENGAGEMENT WITH LATIN AMERICA

中国社会科学出版社

图书在版编目（CIP）数据

中国与拉丁美洲的农业合作/郭洁著．—北京：中国社会科学
出版社，2017.3
　（国家智库报告）
　ISBN 978 - 7 - 5161 - 9919 - 0

Ⅰ．①中… Ⅱ．①郭… Ⅲ．①农业合作—对外合作—研究—
中国、拉丁美洲 Ⅳ．①F32②F125.573

中国版本图书馆 CIP 数据核字（2017）第 043220 号

出 版 人　赵剑英
责任编辑　张　林
责任校对　张依婧
责任印制　李寡寡

出　　　版　中国社会科学出版社
社　　　址　北京鼓楼西大街甲 158 号
邮　　　编　100720
网　　　址　http://www.csspw.cn
发 行 部　010 - 84083685
门 市 部　010 - 84029450
经　　　销　新华书店及其他书店

印刷装订　北京君升印刷有限公司
版　　次　2017 年 3 月第 1 版
印　　次　2017 年 3 月第 1 次印刷

开　　本　787×1092　1/16
印　　张　10.5
插　　页　2
字　　数　105 千字
定　　价　58.00 元

# 目　　录

# 图表索引

# 引　言

农业对于人类的重要性是不言而喻的。对于这一传统产业，很长时间以来，人们似乎早已习惯了它的朴素和低调。然而，最近十余年间，随着全球粮食安全问题受到越来越多的关注，特别是 2007 年至 2008 年国际粮价大幅上涨带来的恐慌，使得农业问题在世界范围内凸显出来。[①] 在中国，粮食必须依靠自给自足

---

① 根据世界粮食安全委员会 2009 年改革文件中的定义，所谓"粮食安全"，系指"所有人在任何时候都能从物质上、社会上和经济上获得充足、安全和富有营养的食物，满足其过上积极健康生活的膳食需要和饮食偏好"。其四大支柱分别为供给、获取、利用和稳定。参见《世界粮食安全委员会的改革：最终版本》，世界粮食安全委员会第 35 届会议，2009 年 10 月 14、15 和 17 日，罗马。URL = ftp：//ftp. fao. org/docrep/fao/ meeting/018/k7197c. pdf。

的观念根深蒂固。[①] 然而，现实的资源约束加之经济发展、人口增长、饮食结构变化等带来的农产品需求的刚性增长，推动着中国与世界粮食市场的关联度日益增强，某些大宗农产品如大豆，对外依存度达到了惊人高的比例。农业由此在对外经济交往中占据了越来越重要的地位，这一点在中国与拉丁美洲（以下简称拉美）的关系中也表现得愈加明显。

我们知道，中拉关系在过去十余年间发展迅速，在中国旺盛需求的推动下，双边贸易额急速飙升。联合国拉丁美洲和加勒比经济委员会（以下简称拉美经委会）提供的数据显示，自2000年到2014年，中国在拉美商品出口总额中所占比重从1%上升到9%。[②] 除了矿产品和石油以外，农产品在拉美对华出口中所占份额近年逐

---

① 关于"粮食"的统计口径，目前中国与国际标准有所不同。在中国，粮食按作物品种包括谷物、薯类和豆类。其产量计算办法为：谷物按脱粒后的原粮计算，豆类按去豆荚后的干豆计算；薯类（包括甘薯和马铃薯，不包括芋头和木薯）按5公斤鲜薯折1公斤粮食计算。城市郊区作为蔬菜的薯类（如马铃薯等）按鲜品计算，并且不作粮食统计。参见国家统计局编《中国统计年鉴2014》，中国统计出版社2014年版，第392页。而国际上粮食这一概念所指即为谷物，包括小麦、稻谷和玉米，大豆不在"粮食"统计范围内。

② Economic Commission for Latin America and the Caribbean（ECLAC），*Latin America and the Caribbean and China：Towards A New Era in Economic Cooperation*，Santiago，Chile，May 2015，p. 37.

渐增加。据统计，目前中国每年进口农产品中约有 27%
来自拉美地区。同时，伴随 2008 年全球金融危机后中国
对拉美直接投资的快速增长，一些国有粮企和民营公司
也在此背景下通过购置/租赁土地、并购或与当地企业合
资等方式，进入了拉美的农业领域。2012 年 6 月，时任
中国总理温家宝在智利首都圣地亚哥拉美经委会总部发
表的演讲中，引人注目地将中拉农业合作作为一个重点
议题提出来。据其倡议，首届中拉农业部长论坛于次年
6 月在北京举行，并在某种意义上，拉开了中拉整体合
作的序幕。2014 年 7 月，中国国家主席习近平在巴西与
拉美和加勒比国家领导人会晤时，倡议中拉共同构建
"1 + 3 + 6" 合作新框架，农业被列为六大重点合作领域
之一。2015 年 1 月 8—9 日，中拉论坛首届部长级会议在
北京举行，会议最后通过的《中国与拉美和加勒比国家
合作规划（2015—2019）》中明确规定了今后五年中拉
整体合作的 13 个领域，农业合作亦在其中。

上述种种迹象表明，农业已经并将会在中拉关系中
扮演越来越重要的角色。那么，关于进一步推动农业合
作，中拉双方准备好了吗？据相关考察和调查发现，答
案未必是肯定的。尽管中拉关系近些年在国内外掀起不

少讨论，相关贸易、投资、金融合作等话题引发各界关注，不过，迄今为止，农业问题的探讨总体并不深入，某些重要领域甚至缺乏实质性的研究。以下本书将从中国的粮食安全问题入手，依次就中国与拉丁美洲的农业贸易关系、中国在拉丁美洲的农业投资、中拉农业科技合作等三个领域的现状加以阐释，并在此基础上分析问题、提出尝试性建议。

本项研究系北京大学国际战略研究院 2015 年度资助课题，部分内容和数据略有修订和更新，特予说明。

# 第一章　中国的粮食安全问题

近年来，粮食安全越来越成为全球关注的焦点问题之一。根据联合国经济和社会事务部（United Nations Department of Economic and Social Affairs）发布的《世界人口展望：2015 年修订版》报告，目前世界总人口约为73 亿，到2050 年这一数字预计将升至 97 亿。[①] 此前，联合国粮农组织（Food and Agriculture Organization of the United Nations, FAO）曾预言，若以 2006 年的数据为基准，则全球粮食产量需增长 70% 方可基本满足九十多亿人对食物的需求。[②]

① United Nations Department of Economic and Social Affairs Population Division, *World Population Prospects*：*The 2015 Revision*, *Key Findings and Advanced Tables*, New York：United Nations, 2015, p. 2. URL = https：//esa. un. org/unpd/wpp/publications/files/key_ findings_ wpp_ 2015. pdf.

② FAO, "How to Feed the World in 2050," 23 September 2009, Rome, p. 2. URL = http：//www. fao. org/fileadmin/templates/wsfs/docs/expert_ paper/How_ to_ Feed_ the_ World_ in_ 2050. pdf.

中国是世界上人口最多的国家，人口基数庞大且仍呈缓慢增长之势[①]，农业增产一直压力较大，过去 12 年间，粮食生产虽实现了创纪录的"连增"（图 1），但与此同时，农业发展面临的各种风险和矛盾日渐凸显，确保粮食安全的问题变得愈益紧迫。[②]

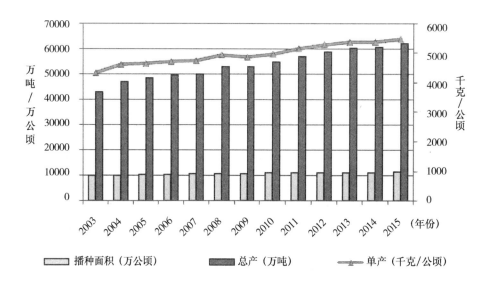

图 1　2003—2015 年中国粮食作物播种面积、总产及单产情况

数据来源：2003—2013 年数据来自各年度《中国农业统计资料》（中国农业部编，农业出版社出版）；2014 年和 2015 年数据分别来自国家统计局发布的当年粮食产量公告。（URL = http：//www. stats. gov. cn/tjsj/zxfb/201412/t20141204_ 648275. html；URL = http：//www. stats. gov. cn/tjsJ/zxfb/201512/t20151208_ 1286449. html）

――――――――――

① 2016 年 1 月 1 日起，中国开始实施全面两孩政策，预计未来一段时期内总人口将会继续增加，不过，由于生育率整体呈下滑趋势，增速应会有所放缓。

② 目前国内谈论的粮食安全，通常会涉及两个层面的问题，一为供给安全，二为质量安全。本项研究在此主要聚焦前者，特此说明。

首先，农业资源偏紧和生态环境恶化的制约日益突出。一个经常被引用的说法是，中国以世界7%的耕地养活了世界22%的人口。中国耕地问题的严峻性，不仅在于人均占有量远低于世界人均水平（图2），除此之外，还应看到，由于工业化及城市化非农建设占地、农村宅基地面积的不断扩大、生态退耕以及自然灾害损毁等原因，已经极为有限的耕地事实上一直在不断地减少。同时，工矿企业活动中的废气、废水、废渣排放以及特别是长期以来在农业生产高投入、高产出模式下化肥、农药、农膜等农业投入品的过量使用，还导致了耕地质量退化、污染严重。① 同样，水资源的情况也不容乐观。作为世界上13个贫水国家之一，中国的人均水资源占有

① 据国家农业部2014年12月17日发布的《关于全国耕地质量等级情况的公报》，全国18.26亿亩耕地中有27.9%（即5.10亿亩）的耕地基础地力较差，生产障碍因素突出。URL = http：//www. moa. gov. cn/govpublic/ZZYGLS/201412/t20141217_4297895. htm；环保部在2014年4月17日首次就全国土壤污染状况发布调查公报。数据显示，全国耕地土壤点位超标率为19.4%，高于全国土壤总的超标水平。环境保护部、国土资源部：《全国土壤污染状况调查公报》（2014年4月14日），URL = http：//www. mep. gov. cn/gkml/hbb/qt/201404/W020140417558995804588. pdf。 据国家统计局相关调查数据，2014年全国化肥施用量为5995.9万吨，农用塑料薄膜使用量258万吨，农用柴油使用量2176.3万吨，农药180.7万吨，以上数值均远远超过世界各主要农业生产国。参看国家统计局农村社会经济调查司编《中国农村统计年鉴2015》，中国统计出版社2015年版，第41页。

量仅为世界人均水平的四分之一，且时空分布非常不均衡。作为粮食主产区的北方，水资源总量仅占全国的16.8%，加之许多地方地下水超采严重，未来水资源的承载能力十分有限。南方虽水资源相较丰富，但在长江中下游粮食产区也存在季节性和区域性干旱缺水问题。[①]在这种水资源矛盾本已突出的情况下，由全球气候变暖引发的干旱等气象灾害对农业生产的制约也在日益加大。相关研究显示，近30年来的气候变化已使中国小麦的种

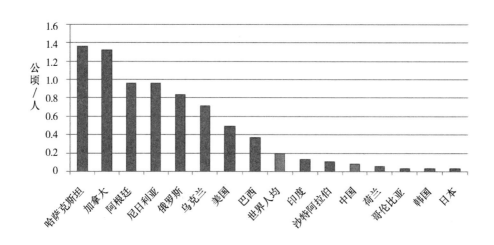

图 2　世界及部分国家人均可耕地面积情况（2012—2014 年）

数据来源：世界银行统计数据库（http：//data. worldbank. org/）。

---

① 农业部种植业管理司：《全国种植业发展第十二个五年规划（2011—2015 年）》，2011 年 9 月 20 日。URL = http：//www. moa. gov. cn/ztzl/shierwu/hyfz/201109/t20110920_ 2292140. htm。

植向北移了四个纬度，加剧了水资源空间布局不平衡的问题。同时，据估计，到 2020 年中国平均气温还将进一步升高 1.3℃—2.1℃，对粮食生产的影响目前还难以预料。[①]

其次，城乡居民收入的快速增长、饮食习惯和消费结构的持续变化使农产品供给压力剧增。2004 年以来，居民人均收入增长明显，城乡差距亦呈缩小趋势。如表 1 所示，过去十年间，城镇居民家庭人均可支配收入从 2005 年的 10493 元增加到 2015 年的 31195 元，年均增幅为 11.5%；农村居民家庭人均纯收入由 3254.9 元增加到 11422 元，年均增幅为 13.4%。自 2010 年起，中国农村居民收入增长速度连续五年超过城镇居民，城乡收入比从 2007 年的 3.33∶1缩小至 2015 年的 2.73∶1（表 1）。居民收入的增长相应带动了食物消费结构的转型升级，对农产品的需求也日趋多样化，总体表现为对肉禽蛋奶、植物油、食糖、水产品、鲜瓜果的消费持续攀升，米面等主食消费量有所减少，同时精加工食品需求增长等（图 3、图 4、表 2）。上述变化给原有农业生产带来很大挑战，在资源趋紧的现实条件下要实现品种平衡难度相当大。

---

① 农业部市场预警专家委员会：《中国农业展望报告（2015—2024）》，中国农业科学技术出版社 2015 年版，第 31 页。

表1　　中国城乡居民人均可支配收入增长情况（2005—2015年）

| 年份 | 城镇居民（元） | 农村居民（元） | 两者收入比 |
| --- | --- | --- | --- |
| 2005 | 10493.00 | 3254.90 | 3.22∶1 |
| 2006 | 11759.50 | 3587.00 | 3.28∶1 |
| 2007 | 13785.80 | 4140.40 | 3.33∶1 |
| 2008 | 15780.80 | 4760.60 | 3.32∶1 |
| 2009 | 17174.70 | 5153.20 | 3.33∶1 |
| 2010 | 19109.40 | 5919.00 | 3.23∶1 |
| 2011 | 21809.80 | 6977.30 | 3.13∶1 |
| 2012 | 24564.70 | 7916.60 | 3.10∶1 |
| 2013 | 26467.00 | 9429.56 | 2.81∶1 |
| 2014 | 28843.85 | 10488.88 | 2.75∶1 |
| 2015 | 31195.00 | 11422.00 | 2.73∶1 |

数据来源：国家统计局数据库（http：//data.stats.gov.cn/）。

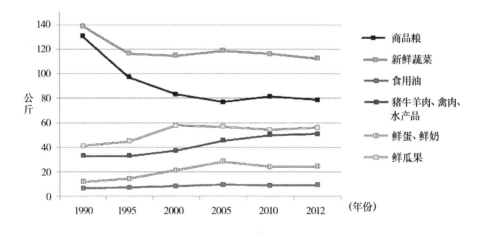

图3　中国城镇居民家庭平均每人主要食品消费量（1990—2012年）

数据来源：国家粮食局主编：《2013中国粮食年鉴》，经济管理出版社2013

年版，第571页。

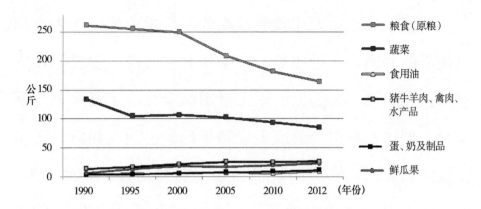

**图 4　中国农村居民家庭平均每人主要食品消费量（1990—2012 年）**

数据来源：国家粮食局主编：《2013 中国粮食年鉴》，经济管理出版社 2013

年版，第 571 页。

表 2　　　　　全国居民人均主要食品消费量（2013—2014 年）　　　单位：公斤

| 指标 | 2013 年 | 2014 年 |
|---|---|---|
| 粮食（原粮） | 148.7 | 141.0 |
| 谷物 | 138.9 | 131.4 |
| 薯类 | 2.3 | 2.2 |
| 豆类 | 7.5 | 7.5 |
| 食用油 | 12.7 | 12.3 |
| 食用植物油 | 12.0 | 11.7 |
| 蔬菜及食用菌 | 97.5 | 96.9 |
| 鲜菜 | 94.9 | 94.1 |
| 肉类 | 25.6 | 25.6 |
| 猪肉 | 19.8 | 20.0 |
| 牛肉 | 1.5 | 1.5 |
| 羊肉 | 0.9 | 1.0 |
| 禽类 | 7.2 | 8.0 |
| 水产品 | 10.4 | 10.8 |
| 蛋类 | 8.2 | 8.6 |
| 奶类 | 11.7 | 12.6 |
| 干鲜瓜果类 | 40.7 | 42.2 |
| 食糖 | 1.2 | 1.3 |

资料来源：国家粮食局主编：《2015 中国粮食年鉴》，中国社会出版社 2015 年版，

第 514 页。

再次，农业生产比较收益偏低不可避免地带来生产积极性下降的问题。近些年，由于化肥、农药、农膜等农资价格持续上涨，加之生产用工费用和全社会工资水平不断上升，使得农业生产的成本也越来越高。与此相对，受诸多因素的制约，农产品价格却始终弱势运行，如此一来，在所谓农产品"成本地板"和市场"价格天花板"的双重挤压下，农业生产比较效益低的问题日益凸显（图5、表3、表4）。在相关价格制约因素中，国内外价格倒挂是一个值得特别关注的问题。目前主要农产品国内市场价（批发价或到港价）已普遍高于国外产品配额内进口到岸税后价。其中，食糖、棉花国内外价格从2011年开始经常性倒挂，小麦从2012年开始持续倒挂，大米和玉米从2013年开始连续倒挂。就程度而言，大豆及相关油料作物的国内外价格倒挂情况可能是最严重的。以大豆为例，2014年中国大豆每50公斤平均售价为219.41元，而美国仅为117.48元，当然，背后是几乎同比例的成本差距。①再比如，2014年3月，山东进口大豆到岸税后价3.98元/公斤，比当地生产的大豆价格低0.76元/公斤；至2014

① 参看国家发展与改革委员会价格司编《全国农产品成本收益资料汇编2015》，中国统计出版社2015年版，第29、624页。

年12月，国内外价差扩大到1.40元/千克，创历史最高。国内外油菜籽价格倒挂近年间也早已成为常态，豆油、菜籽油分别从2005、2007年起出现数次较长时间的价格倒挂现象。① 总之，伴随全球农产品市场联动性不断增强，未来国际市场农产品价格变化对国内农作物生产的影响还会变得更加显著。

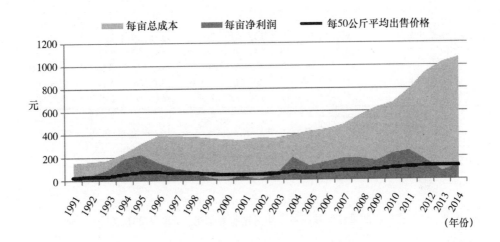

图5 三种粮食平均成本收益情况（1991—2014年）

说明：三种粮食系指稻谷（包括早籼稻、中籼稻、晚籼稻和粳稻）、小麦和玉米。

数据来源：国家粮食局主编：《2015中国粮食年鉴》，第520页。

---

① 农业部市场预警专家委员会：《中国农业展望报告（2015—2024）》，第45页。

表 3 大豆成本收益情况（2009—2014 年）

| 项目 | 单位 | 2009 年 | 2010 年 | 2011 年 | 2012 年 | 2013 年 | 2014 年 |
|---|---|---|---|---|---|---|---|
| 每亩 | | | | | | | |
| 主产品产量 | 公斤 | 128.79 | 148.03 | 146.32 | 146.68 | 138.04 | 143.60 |
| 产值合计 | 元 | 485.71 | 586.35 | 610.72 | 706.58 | 659.58 | 641.61 |
| 总成本 | 元 | 378.19 | 431.20 | 488.77 | 578.20 | 625.90 | 667.34 |
| 生产成本 | 元 | 248.35 | 280.39 | 315.79 | 382.23 | 405.22 | 419.64 |
| 物质与服务费用 | 元 | 144.82 | 165.08 | 179.41 | 204.73 | 204.27 | 202.91 |
| 人工成本 | 元 | 103.53 | 115.31 | 136.38 | 177.50 | 200.95 | 216.73 |
| 土地成本 | 元 | 129.84 | 150.81 | 172.98 | 195.97 | 220.68 | 247.70 |
| 净利润 | 元 | 107.52 | 155.15 | 121.95 | 128.63 | 33.68 | -25.73 |
| 现金成本 | 元 | 173.28 | 207.93 | 238.18 | 271.39 | 275.66 | 287.62 |
| 现金收益 | 元 | 312.43 | 378.42 | 372.54 | 435.44 | 383.92 | 353.99 |
| 成本利率率 | 元 | 28.43 | 35.98 | 24.95 | 22.25 | 5.38 | -3.86 |
| 每 50 公斤主产品 | | | | | | | |
| 平均出售价格 | 元 | 184.17 | 193.61 | 204.17 | 236.39 | 234.36 | 219.41 |
| 总成本 | 元 | 143.40 | 142.38 | 163.40 | 193.37 | 222.39 | 228.21 |
| 净利润 | 元 | 40.77 | 51.23 | 40.77 | 43.02 | 11.97 | -8.80 |
| 现金成本 | 元 | 65.70 | 68.66 | 79.63 | 90.76 | 97.95 | 98.36 |
| 现金收益 | 元 | 118.47 | 124.95 | 124.54 | 145.63 | 136.41 | 121.05 |

数据来源：国家发展与改革委员会价格司编：《全国农产品成本收益资料汇编2015》，第 29 页。

表 4 花生、油菜籽两种油料平均成本收益情况（2009—2014 年）

| 项目 | 单位 | 2009 年 | 2010 年 | 2011 年 | 2012 年 | 2013 年 | 2014 年 |
|---|---|---|---|---|---|---|---|
| 每亩 | | | | | | | |
| 主产品产量 | 公斤 | 179.97 | 168.48 | 183.03 | 183.61 | 194.68 | 183.58 |
| 产值合计 | 元 | 851.66 | 897.51 | 1145.13 | 1246.09 | 1093.78 | 1098.59 |
| 总成本 | 元 | 557.36 | 644.55 | 773.13 | 949.61 | 1080.53 | 1107.57 |
| 生产成本 | 元 | 463.40 | 534.68 | 651.92 | 813.77 | 919.84 | 934.89 |
| 物质与服务费用 | 元 | 233.94 | 246.46 | 290.93 | 324.56 | 329.35 | 322.21 |
| 人工成本 | 元 | 229.46 | 288.22 | 360.99 | 489.21 | 590.49 | 612.68 |
| 土地成本 | 元 | 93.96 | 109.87 | 121.21 | 135.84 | 160.69 | 172.68 |
| 净利润 | 元 | 294.30 | 252.96 | 372.00 | 296.48 | 13.25 | -8.98 |
| 现金成本 | 元 | 243.46 | 258.65 | 305.46 | 345.31 | 351.48 | 347.03 |
| 现金收益 | 元 | 608.20 | 638.86 | 839.67 | 900.78 | 742.30 | 751.56 |
| 成本利率率 | 元 | 52.80 | 39.25 | 48.12 | 31.22 | 1.23 | -0.81 |

续表

| 项目 | 单位 | 2009 年 | 2010 年 | 2011 年 | 2012 年 | 2013 年 | 2014 年 |
|---|---|---|---|---|---|---|---|
| 每 50 公斤主产品平均出售价格 | 元 | 233.33 | 262.42 | 308.97 | 335.57 | 276.91 | 295.08 |
| 总成本 | 元 | 152.70 | 188.46 | 208.60 | 255.73 | 273.56 | 297.49 |
| 净利润 | 元 | 80.63 | 73.96 | 100.37 | 79.84 | 3.35 | -2.41 |
| 现金成本 | 元 | 66.70 | 75.63 | 82.42 | 92.99 | 88.98 | 93.21 |
| 现金收益 | 元 | 166.63 | 186.79 | 226.55 | 242.58 | 187.93 | 201.87 |

数据来源：国家发展与改革委员会价格司编：《全国农产品成本收益资料汇编 2015》，第 30 页。

　　此外，农村劳动力不足对农业生产的制约越来越明显。由于工业化、城镇化的快速发展，推动了农村生产要素特别是青壮年劳动力长期且大规模外流。据国家人口统计数据，自 1990 年以来，中国城镇人口以年均 6.2% 左右的速度持续增长，并于 2011 年首次超过农村人口。2015 年中国城镇人口总数逾 7.71 亿，约为 1990 年时的 2.55 倍（图 6）。在不断增长的城镇人口中，绝大部分系伴随着工业化、城镇化快速发展，从农村外流至城市常年务工的青壮年人口。据农业部 2010 年的一份调查测算显示，当年全国外出就业的农村劳动力总数 1.545 亿人，其中男性占 64.6%、平均年龄 34.7 岁，女性平均年龄 32.1 岁；留乡务农劳动力平均年龄超过 45

岁，素质普遍偏低。① 目前，这一趋势并没有显著的回转迹象。农村劳动力紧缺、务农人口素质结构性下降、老龄化等问题预计会在今后表现得更为明显。

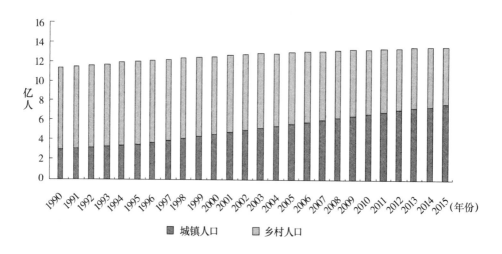

**图 6　全国城镇与乡村人口变化情况（1990—2015 年）**

数据来源：国家统计局数据库。

说明：此处采用的是常住人口口径而非公安户籍数据，指的是分别在城镇或乡村区域内常住半年以上或在本地居住不满半年，但离开户口登记地半年以上的人口。

（URL＝http：//www. stats. gov. cn/tjzs/cjwtjd/201308/t20130829_ 74322. html）

最后，受资源约束及科技增产空间有限等影响，未来粮食总产能否继续实现增长，前景不甚明朗。如图 1

---

① 农业部种植业管理司：《全国种植业发展第十二个五年规划（2011—2015 年）》，2011 年 9 月 20 日。URL ＝ http：//www. moa. gov. cn/ztzl/ shierwu/hyfz/201109/t20110920_ 2292140. htm。

所示，2003—2015 年间，由于播种面积和单位产量连年增加，中国的粮食总产量相应实现了连续增长。未来的粮食生产是否还能从以上两者中不断汲取动力，目前看来，很难断言。当然，耕地的约束可能是显而易见的，而单产提高的前景恐怕亦不容乐观。就 2011—2014 年数据来看，全国粮食单产增幅呈现连续下降趋势，2014 年这一数值由 2011 年的 3.9% 降至 0.2%，同时谷物单产出现了负增长。① 农业部市场预警专家委员会 2016 年发布的相关预测报告，结论可谓喜忧参半。据此份报告，未来 10 年，受耕地面积减少、比较效益走低等因素影响，全国稻谷种植面积将以年均 0.3% 的速度下降，不过，单产在科技进步推动下仍将持续增长（年均增速约为 0.2%），相互作用之下，稻谷产量虽将有所增长，但增速下降；同期，因国家政策调整②，小麦的生产面积亦

---

① 参看相关年份国家统计局关于全国粮食产量的公告（http：// www. stats. gov. cn）。

② 2015 年 2 月，农业部发布的《关于进一步调整优化农业结构的指导意见》（农发［2015］2 号），提出华北地区要适度调减地下水严重超采地区的小麦种植，西北地区在年降水量 300 毫米以下的旱作地区亦要适度调减小麦种植面积。在此政策背景下，未来中国小麦种植面积将呈减少趋势，但总体减速不会太快。URL = http：// www. moa. gov. cn/zwllm/zcfg/nyb- gz/201502/t20150212_ 4407693. htm。

将小幅下降，不过，由于大面积种植主导品种的产量潜力还可进一步挖掘，以及某些高产高效新品种将会得到推广应用，单产仍有进一步提升潜力，年均增长可达0.3%，总产情况大致与稻谷相似，即数量增长，增速下降，年均增幅约0.2%；玉米的生产预期相较不甚乐观，受相关政策影响①，未来五六年间种植面积将持续减少，虽然受生产规模化程度提高、科技进步和良种推广的共同推动，单产可望保持一定程度的增长（年均约0.6%），但由于种植面积调减幅度较大，玉米总产量在未来10年总体将呈现下降趋势。②

综上，一边是农业资源条件和生态环境的双重约束、农业生产比较收益不高、农村劳动力数量和质量双下降、科技进步贡献率增长空间趋紧，一边是总人口特别是非

---

① 2015年11月，农业部发布了《关于"镰刀弯"地区玉米结构调整的指导意见》，要求"镰刀弯"地区（包括东北冷凉区、北方农牧交错区、西北风沙干旱区、太行山沿线区及西南石漠化区）在2016年至2020年间，将玉米种植面积稳定在1亿亩，即较2015年调减5000万亩以上，重点发展青贮玉米、大豆、优质饲草、杂粮杂豆、春小麦、经济林果和生态功能型植物等。此后，相关省份纷纷出台政策减少了玉米的种植面积。参看农业部《关于"镰刀弯"地区玉米结构调整的指导意见》，农农发〔2015〕号，2015年11月2日。URL = http：//www. moa. gov. cn/govpublic/ZZYGLS/201511/t20151102_ 4885037. htm。

② 农业部市场预警专家委员会：《中国农业展望报告（2016—2025）》，中国农业科学技术出版社2016年版，第20—21、31、40—42页。

农人口的持续增长、对粮食的刚性需求和农产品的多样化需求使供给压力进一步加大。

对于粮食安全面对的种种挑战，从国家政策层面来看，首先仍然强调粮食必须立足国内实现自给这一基本原则不能动摇，同时近年来也在根据实际情况变化做出某些调整。比如，有关自给率的说法变得更具体也更有弹性。我们知道，在20世纪80年代、90年代以及21世纪初共计30多年间，中国粮食总体自给率相当高，基本保持在100%以上。不过，最近十年这一比率已在逐步下滑，据相关研究称，截至2012年实际已不足88%。[①]2011年8月，农业部在其发布的《全国农业和农村经济发展第十二个五年规划（2011—2015年）》中仍然强调，要力争"确保95%以上的自给率"。[②] 同时在其后不久发布的《全国种植业发展第十二个五年规划（2011—2015年）》中，对此亦做了进一步明晰。明确水稻、小麦、玉米、大豆四大粮食作物中的前三种自给率应达到

---

① 黄季焜：《农产品进入供需难平衡期的国家食物安全问题》，《江西农业大学学报》（社会科学版）2013年第1期，第1页。

② 农业部：《全国农业和农村经济发展第十二个五年规划（2011—2015年）》，农计发〔2011〕9号，2011年8月25日。URL = http：//www. moa. gov. cn/govpublic/FZJHS/201112/t20111230_ 2448507. htm。

100%（即完全自给），食用植物油自给率需稳定在40%，食糖消费力争基本自给，蔬菜保持稳定供应等。①2014年1月出台的中央一号文件，引人注目地就国家粮食安全战略做了详细的阐述。文件除继续强调严守18亿亩耕地保护红线，确保"谷物基本自给、口粮绝对安全"，将"饭碗牢牢端在自己手上"以外，也突出了更好利用国际农产品市场和农业资源以调剂和补充国内粮食供给的重要性，具体即指粮食进口与农业对外投资问题。关于粮食进口，重点强调要"优化进口来源地布局，建立稳定可靠的贸易关系"；关于农业对外投资，表示应"加快实施农业走出去战略，培育具有国际竞争力的粮棉油等大型企业"，支持到境外开展农业生产和进出口合作。②2015年和2016年的中央一号文件在此基础上又有新的推进。比如，2015年的中央一号文件提出要健全农业对外合作部际联席会议制度，制定农业对外合

---

① 农业部种植业管理司：《全国种植业发展第十二个五年规划（2011—2015年）》，2011年9月20日。URL = http：//www. moa. gov. cn/ztzl/shierwu/hyfz/201109/t20110920_ 2292140. htm。

② 中共中央、国务院：《关于全面深化农村改革加快推进农业现代化的若干意见》，2014年1月19日。URL = http：//news. xinhuanet. com/2014 –01/19/c_ 119033371. htm。

作规划等。① 2016 年的中央一号文件则更加清楚地强调了要优化重要农产品进口的全球布局，加强与"一带一路"沿线国家和地区及周边国家和地区在农业投资、贸易、科技、动植物检疫等领域展开合作，以及在继续支持企业"走出去"从事与农业相关的跨国经营的同时，大力培育具有国际竞争力的"粮商和农业企业集团"。② 以上这些都说明了一个不可回避的现实：利用国外市场、国外资源缓解国内粮食供给面临的压力，正变得益发迫切；加强同重点地区、重点国家的农业合作，已成为确保粮食安全总体战略中的重要一环。

探讨中拉农业合作，需首先对上述国内粮食安全背景有一个基本的认识。如前所述，有关加强中拉农业合作的倡议，是由中方首先提出来的。2012 年 6 月 26 日，温家宝总理在拉美经委会的演讲中强调，中拉双方应以农业合作为抓手，共同维护粮食安全。具体行动倡议包

---

① 中共中央、国务院：《关于加大改革创新力度加快农业现代化建设的若干意见》，2015 年 2 月 1 日。URL = http：//news. xinhuanet. com/fortune/2015 – 02/01/c_ 1114209962. htm。

② 中共中央、国务院：《关于落实发展新理念加快农业现代化 实现全面小康目标的若干意见》，2016 年 1 月 27 日。URL = http：//news. xinhuanet. com/fortune/2016 – 01/27/c_ 1117916568. htm。

括：第一，成立中拉农业部长论坛，并于 2013 年在中国举办首次会议；第二，建立 50 万吨规模的中拉粮食应急储备机制，用于应对突发自然灾害和人道救援；第三，中国政府首先注资 5000 万美元，设立中拉农业合作发展专项资金；第四，中国将在拉美设立五至八个农业科技研发中心、农业加工示范园、农业投资开发区；第五，未来五年中拉双方互派农业专家和技术人员 500 人次；第六，力争使中拉农产品贸易额突破 400 亿美元。① 在温家宝总理正式发布此信息之前，中国官方亦通过不同渠道表达了对与拉美地区加强农业合作的兴趣。比如，2011 年 6 月 10 日，时任国家副主席习近平在对拉美经委会的访问中，强调应推动中拉经济合作实现"互惠互利、合作共赢"，进一步拓展农业等领域的合作。② 两个月后，中国国务院研究室派农业代表团赴墨西哥、巴西、智利等国，就拉美农业发展现状及未来中拉农业合作前景等进行了考察。

从逻辑上讲，中拉农业合作之所以会受到中方越来

① 温家宝：《永远做相互信赖的好朋友——在联合国拉丁美洲和加勒比经济委员会的演讲》，《人民日报》2012 年 6 月 28 日。

② 习近平：《携手开创中拉全面合作更加美好的未来——在联合国拉丁美洲和加勒比经济委员会的演讲》，《人民日报》2011 年 6 月 12 日。

越高的关注并作为一项重要议程提出来，显然与拉美这一地区在农业领域具有的特殊重要性有密切关系。这种重要性，个人以为，主要体现在三个方面：首先，拉美是世界粮食重要产地，亦是中国部分农产品的主要进口来源地。其次，拉美农业资源丰富，具有较大的投资合作潜力。再者，双方在农业科技方面存有互补合作空间。从某种意义上说，农业合作的着力点也将主要在此三个方面。接下来，本书将依次就相关领域合作现状加以阐述。

# 第二章 中国与拉丁美洲的农业贸易关系

## 第一节 近十年中国农产品进口贸易总览

在探讨中拉农业贸易之前，我们不妨看一看最近十年间中国与世界农产品市场的互动关系变化。图7反映的是1995—2015年中国对外农产品贸易的总体走势，从中可以清楚地看到，自2001年中国正式加入世界贸易组织以来，中国农产品的进口额出现了快速增长，从2004年开始，中国已由农产品净出口国转变为净进口国。12年间，农产品贸易总额由2003年的402.4亿美元增加到2015年的1861亿美元，年均递增近16%；进口额由190亿美元增至1159.2亿美元，年均递增逾

19%；进出口差额则由 22.4 亿美元顺差转变为逆差
457.4 亿美元。

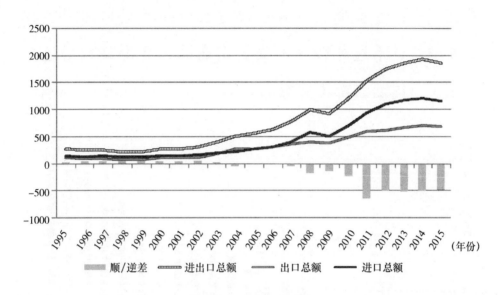

**图7 1995—2015 年中国农产品贸易额（单位：亿美元）**

数据来源：商务部对外贸易司农产品贸易数据库（http：//wms. mofcom. gov.
cn/）。

　　进口的农产品主要以粮油类大宗商品为主，其中，
稻米、小麦和玉米三大主粮的进口虽有增长，但在总进
口中所占比重并不是特别突出，最近十几年间的总体占
比大约在10%。而同期，大豆的进口则呈现出迅速增长
之势，尤其是在 1999 年以后，进口数量不断飙升，基本
占到各年度主要粮油类产品进口总量的80%。大豆油、
菜籽油、棕榈油等食用植物油的直接进口也有所增加，

但变化幅度相对稳定，在主要粮油类产品进口总量中的占比约为9%（图8）。近年来，中国对动物饲料、肉类及其副产品、食糖、干鲜水果等农产品的进口需求也在不断增长，不过相较粮油类大宗商品，无论其数量还是金额，总体而言都不算突出。

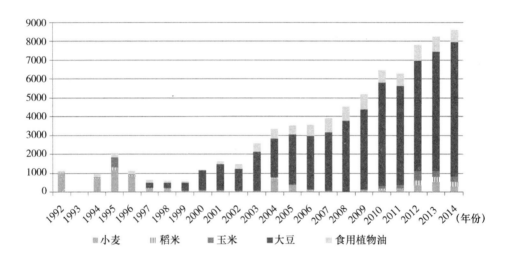

图8  1992—2014 年中国主要粮油产品进口情况（单位：万吨）

数据来源：国家粮食局主编：《2015 中国粮食年鉴》，第530页。

与上述进口结构相对应，目前中国农产品的进口来源地也相对比较集中。2015 年最新数据显示，中国从拉丁美洲和北美洲的农产品进口额合并占到了中国农产品进口总额的一半以上。其次为亚洲、欧洲和大洋洲，在总额中的占比分别为18.81%、15.04% 和10.81%（图9）。

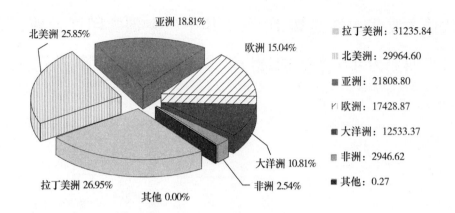

亚洲 18.81%
北美洲 25.85%
欧洲 15.04%
大洋洲 10.81%
非洲 2.54%
拉丁美洲 26.95%
其他 0.00%

拉丁美洲：31235.84
北美洲：29964.60
亚洲：21808.80
欧洲：17428.87
大洋洲：12533.37
非洲：2946.62
其他：0.27

图 9    2015 年中国农产品进口金额（分洲）（单位：百万美元）

数据来源：商务部对外贸易司：《中国进出口月度统计报告：农产品（2015 年
12 月）》，第 4、26 页。URL ＝ http：//wms. mofcom. gov. cn/article/zt _ ncp/table/
2015＿ 12. pdf。

与此同时，中国自以上各洲进口的来源国也显得较为
集中。从拉丁美洲进口的主要来源地为巴西和阿根廷，
两国对华农产品出口分别占整个拉美地区对华农产品出
口的 63.5% 和 16.3%。北美洲则主要集中在美国和加拿
大。其中，自美国进口的农产品金额占到中国从该地区
农产品进口总额的 82.3%，加拿大所占份额为 17.4%。
澳大利亚和新西兰为中国在大洋洲的主要农产品进口来
源国，两者合并占到中国从该地区农产品进口总额的
99.6%（其中澳大利亚为 64.3%，新西兰为 35.3%）。亚
洲是中国农产品进口的第三大来源地区，目前进口贸易

伙伴主要集中在东盟 10 国。其中，泰国、印度尼西亚、马来西亚为几个重要的进口来源国。（图 10、图 11）

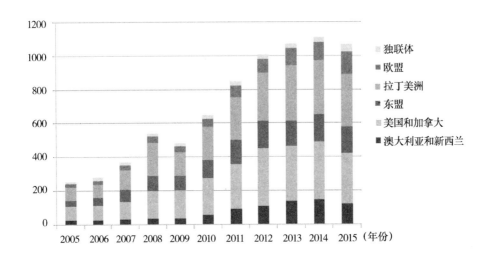

图 10    2005—2014 年中国自主要农产品进口来源地区/国家的

进口情况（单位：亿美元）

数据来源：商务部外贸司农产品贸易数据库（http：//wms. mofcom. gov. cn/）。

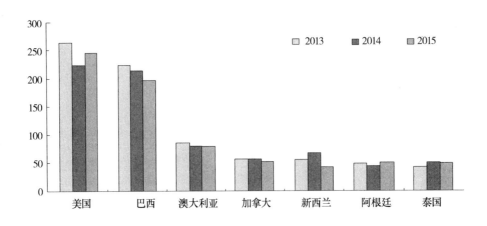

图 11    2013—2015 年中国农产品前七大进口来源国对华农产品

出口情况（单位：亿美元）

数据来源：商务部外贸司农产品贸易数据库（http：//wms. mofcom. gov. cn/）。

# 第二节　中拉农产品贸易结构特征
# 与焦点问题

如本书第一部分所分析的，中国现存的农产品进口需求结构，在一定程度上解释了上述这样一种进口来源分布。与总的趋势大体一致，中拉农产品贸易也是在过去十几年间获得了快速发展。相对于北美洲、亚洲等已有着较长时间农产品贸易关系的地区，拉美对于中国来说，是一个新兴但蕴含巨大潜力的进口市场。同样，对拉美来讲，中国在其对外农产品贸易中的重要性也与日俱增。2000 年到 2013 年，该地区对华农产品出口数量从占对世界农产品出口总量的 2.5% 上升至 13.2%，对华农产品出口金额年均增速高达 27% 左右。[①] 相比之下，拉美从中国进口农产品的数量和金额都较有限，以最近三年（2013—2015 年）为例，进口额分别为 25.10 亿美元、23.26 亿美元和 24.09 亿美元。长期以来，拉美对华

---

[①] Economic Commission for Latin America and the Caribbean, *Latin America and the Caribbean and China: Towards A New Era in Economic Cooperation*, p. 51.

农产品贸易一直保持较大盈余，并呈现出不断扩大的趋势（图12）。

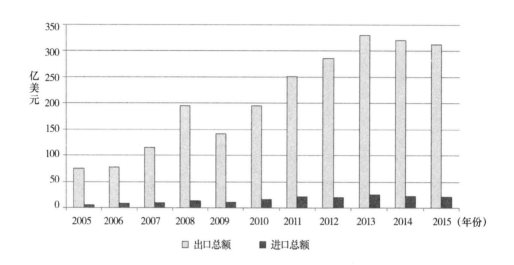

**图12　2005—2015 年拉美对华农产品进出口贸易额**

数据来源：商务部外贸司农产品贸易数据库（http://wms. mofcom. gov. cn/）。

相较世界范围来看，目前拉美对华农产品出口结构显得尤为失衡，无论是国别还是产品，集中度都相当高。就国家来看，巴西如今已成为继美国之后中国最大的农产品进口来源国，而中国也在 2013 年超过欧盟成为巴西农产品最大的出口目的地。2015 年中国自巴西进口的农产品金额占到中国全年农产品进口总额的 17.12%（自美国的农产品进口额占比为 21.26%），在中国自拉美进口农产品总额中的占比则高达 63.55%，其次为阿根廷，占比为 16.31%。近年智利、乌拉圭、秘鲁等国对华农产品出口有显著提高，2015 年在地区对华农产品出口中占比分别为 5.94%、5.46% 和 4.59%（图 13）。从种类上看，大豆是目前中国从拉美进口数额最大的农产品。2015 年，中国农产品进口总额中 33.15% 为大豆，而在拉美，这一比例更高得惊人，目前整个地区对华农产品出口中差不多 70% 以上为大豆，其余主要为豆油、蔗糖、冷冻鸡肉、烟草，等等。

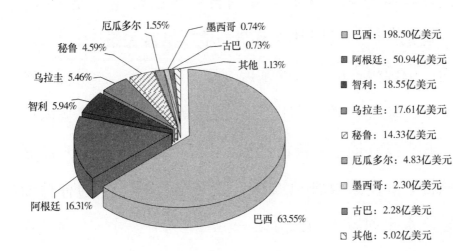

厄瓜多尔 1.55%　　墨西哥 0.74%
秘鲁 4.59%　　古巴 0.73%
　　　　　　其他 1.13%
乌拉圭 5.46%
智利 5.94%

阿根廷 16.31%

巴西 63.55%

□ 巴西：198.50亿美元
■ 阿根廷：50.94亿美元
■ 智利：18.55亿美元
▨ 乌拉圭：17.61亿美元
▨ 秘鲁：14.33亿美元
▨ 厄瓜多尔：4.83亿美元
□ 墨西哥：2.30亿美元
▨ 古巴：2.28亿美元
□ 其他：5.02亿美元

**图 13　2015 年拉美对华主要农产品出口国及其在地区对华农产品出口**

**总额中所占比例**

数据来源：商务部对外贸易司：《中国进出口月度统计报告：农产品（2015 年 12 月）》，第 25 页。URL = http：//wms. mofcom. gov. cn/article/zt_ ncp/table/ 2015_ 12. pdf。

　　由于这样一种结构的存在，这些年来，有关中拉农业贸易关系的谈论焦点毫不奇怪地集中在了"大豆"这一特定农产品身上。众所周知，大豆原产于中国，据称早在4000—5000年前，古代中国便已开始栽培种植这一作物。1949年以来的中国农产品贸易数据显示，至少在20世纪90年代中期以前，大豆多数时间里一直是中国出口创汇的重要农产品之一。此后这一局面发生了彻底的转变，国内对大豆的需求不断走高，而供给却一路下滑。2015年的最新数据显示，国内大豆的自给率已降至不足15%。这一现象背后的成因甚为复杂，单从供需关系来看①，一方面，国内生产的系非转基因大豆，成本高、产量低、产油率低，较之巴西、美国、阿根廷等国生产的转基因大豆，几乎没有成本和价格优势。由于收益甚低，农户缺乏积极性，致使大豆种植面积不断缩小，2015年的种植面积较之十年前减少约三分之一（图14）。②另一方面，随着中国城乡居民饮食结构的变化，食用油加工对榨油原料以及畜禽养殖对植物蛋白饲料等需求相应迅速上升，而豆

---

　　①　除此之外，相关因素还包括国家农业政策、进口关税调整以及国际金融资本的介入等，本书在此暂不做讨论。

　　②　在中国，大豆虽然被列为粮食作物，但实际政策中又是被作为油料作物来对待的，国家对大豆没有实施耕地保护政策。

油是目前中国食用植物油消费的最大品种，大豆压榨后的另一副产品豆粕，因蛋白质含量高、价格相对低廉，也一直是制作牲畜与家禽饲料的主要原料。

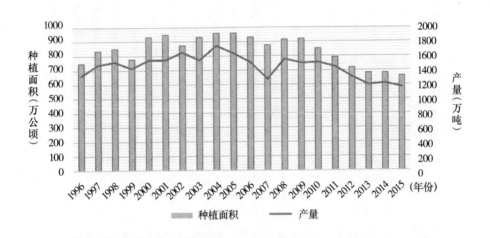

**图 14　1996—2015 年国产大豆种植面积和产量变化趋势**

数据来源：1996—2013 年数据来自国家粮食局主编《2015 中国粮食年鉴》，第 493—494 页。2015 年数据来自农业部市场预警专家委员会所著《中国农业展望报告（2016—2025）》，第 48 页。

如图 14 所示，20 世纪 90 年代中期以来中国大豆年均产量大致在 1400 万吨，然而，实际的消费量却在不断增长，2004—2014 年间平均增幅高达 7.5%。2015 年的消费量为 8953 万吨，较上年增长 6.0%。从消费结构看，压榨加工消费量 7837 万吨（增幅 5.3%），直接食用及食用加工消费量 956 万吨（增幅 12.9%），种用消费量

和损耗量基本没有明显变化。① 总体产销缺口接近 7800
万吨，进口依存度达到 85% 以上（图 15）。

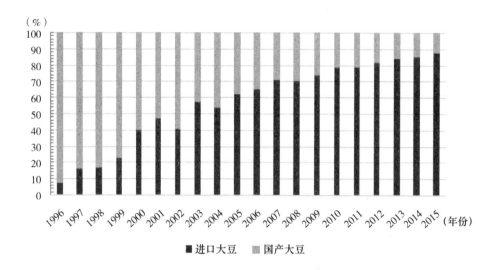

图 15　1996—2015 年国产大豆和进口大豆在国内大豆总需求中占比情况

　　数据来源：1996 年大豆进口数据来自农业部主编的《2014 中国农业发展报告》，中国
农业出版社 2014 年版，第 169 页；2015 年大豆产量数据来自农业部市场预警专家委员会所
著《中国农业展望报告（2016—2025）》，第 48 页。进口数据来自商务部对外贸易司发布
的《中国进出口月度统计报告：农产品（2015 年 12 月）》，第 11 页（URL = http：//
wms. mofcom. gov. cn/article/zt_ ncp/table/2015_ 12. pdf）。其余数据来自国家粮食局主编的
《2015 中国粮食年鉴》，第 494、530 页。

　　2010 年以来，中国每年大豆进口量基本为全球大豆
进口总量的一半以上，2015 年达到了 8168. 43 万吨，约

---

　　① 农业部市场预警专家委员会：《中国农业展望报告（2016—
2025）》，第 48—49 页。

占全球大豆进口份额的 64%，巴西、美国和阿根廷为三大进口来源国，分占中国全年大豆进口总量的 49.06%、34.77% 和 11.56%（合并占比达 95.39%）。[①] 值得一提的是，巴西已连续两年超过美国，2015 年仍然保持着中国进口大豆第一大来源国的地位（图 16）。

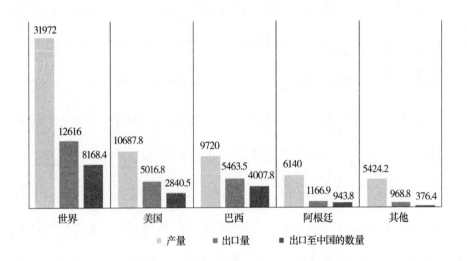

图 16　2014/2015 年度世界及几大主产国大豆产量、出口量及

对华出口情况（单位：万吨）

数据来源：世界及主产国大豆产量、出口量数据来自 United States Department of Agriculture（USDA），"Oilseeds：World Markets and Trade"，July 2016。URL = http：// apps. fas. usda. gov/psdonline/circulars/oilseeds. pdf；出口至中国的数据来自商务部对外贸易司发布的《中国进出口月度统计报告：农产品（2015 年 12 月）》，第 11 页。URL = http：//wms. mofcom. gov. cn/article/zt_ ncp/table/2015_ 12. pdf。

---

① 商务部对外贸易司：《中国进出口月度统计报告：农产品（2015 年 12 月）》，第 11 页。URL = http：//wms. mofcom. gov. cn/article/zt_ ncp/table/2015_ 12. pdf。

# 第三节　若干重点国别分析

## 一　巴西

巴西是拉美最主要的农产品生产国和出口国，受益于得天独厚的自然条件，加之国家在农业科技领域的长期投入，巴西农业进入 20 世纪 90 年代以后现代化步伐加快，成为国家经济的重要支柱。[①] 1996 年至 2006 年间，巴西的粮食收成总值从 230 亿美元增加到 1080 亿美元，增幅为 365%。近年，农工部门总产值在巴西国民生产总值中占比一直保持在 20% 以上。与中国的趋势相反，30 年前巴西还是粮食净进口国，现如今已是全球第二大农产品出口国。[②] 2015 年数据显示，巴西是世界蔗糖、大豆、咖啡、橙汁、禽肉、烟草的第一大出口国，牛肉、猪肉、豆

---

[①] 根据相关统计数据，巴西在农业研发领域的投入位居世界第三，仅低于中国和印度。在长期的政策和资金支持下，巴西农业部门在 1970—2009 年间生产力提高了 176%，高于中国同期农业生产力增长比率（136%）。Nienke Beintema, Gert-Jan Stads, Keith Fuglie, and Paul Heisey, "ASTI Global Assessment of Agricultural R&D Spending: Developing Countries Accelerate Investment," October 2012, pp. 2, 14. URL = http://www19. iadb. org/intal/intalcdi/PE/2013/10811. pdf。

[②] Luis Esteban G. Manrique, "Brasil, granero del mundo," Infolatam, el 30 de enero de 2013. URL = http://www. infolatam. com/2013/01/31/brasil-granero-del-mundo/.

粕和乙醇的第二大出口国、玉米和棉花第三大出口国。[1]

巴西对中国的农产品出口自 21 世纪以来增长迅猛，特别是 2009—2013 年，出口额从 90.55 亿美元上升至 230 亿美元，年均增幅达 27%。来自巴西发展、工业和外贸部（Ministério do Desenvolvimento, Indústria e Comércio Exterior, MDIC）数据显示，2015 年，巴西对华大宗农产品出口量比上年均有较为明显的增长，但受国际市场价格下行影响，出口额总体并未呈现相应增长，相反表现出不同程度的下滑。作为巴西对华出口的第一大商品，大豆在 2015 年巴西对华商品出口总额的占比升至 44.34%，创历史最高纪录（图 17）。中国目前是巴西大豆的第一大出口目的地（占其总出口的 73.36%），其次为西班牙、低地国家、泰国、中国台湾及其他国家和地区。[2] 除大豆之外，目前巴西对华出口的其他农产品还包括玉米、蔗糖、冷冻禽肉、豆油、纸浆、皮革、冷冻猪肉、干果等，此外，巴西最重要的出口农产品之一冷

---

[1]　美国农业部数据库（http：//apps. fas. usda. gov/psdonline/）。

[2]　Conselho Empresarial Brasil-China（CEBC）, Apex-Brasil, "Oportunidades de Comércio e Investimento na China para s 10 etores selecionados," 2015, p. 10, p. 7. URL = http：//www. cebc. org. br/sites/default/files/pesquisa＿ cebc＿ -＿ apex＿ versao＿ final-oficial. pdf.

冻剔骨牛肉，于 2015 年 5 月 19 日开始恢复对华出口。[①]
据巴西方面统计，截至 2016 年上半年，中国已成为巴西
第二大牛肉出口市场。虽然相比大豆，以上这些农产品
目前无论出口数量还是数额都还较为有限，但存在较大
的后续增长潜力。

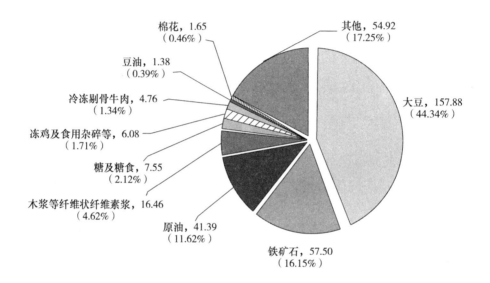

图 17　2015 年巴西对华出口商品出口金额及构成（单位：亿美元）

数据来源：巴西发展、工业和外贸部数据库（http：//www. mdic. gov. br/com-
ercio-exterior/estatisticas-de-comercio-exterior）。

---

① 根据相关协议，巴方输华冷冻禽肉系所有注册的鸡肉生产加工企业
注册的可食性肉类及其副产品品种，不包括胃、肠等消化道器官；冷冻猪
肉不包括可食性副产品和内脏产品；剔骨牛肉规定为 30 月龄以下牛的冷冻
剔骨的骨骼肌肉，不包括头部肌肉、碎肉、机械分离肉、内脏及其他副产
品。参看《符合评估审查要求的国家或地区输华肉类产品名单》（2016 年 6
月 29 日）。URL = http：//aqsiqchina. com/meat/show. asp？1670. html。

## 二　阿根廷

阿根廷大部分地区气候温和、土壤肥沃，适于发展农牧业生产，系世界重要的粮食、肉类生产和出口国家。2013/2014 年度，全国谷物产量 5258 万吨，油料作物 5665 万吨。[①] 2014 年主要畜产品生产、出口等情况详见表 5。2015 年，阿根廷农产品出口总额约 341.46 亿美元，占其商品出口总额（567.88 亿美元）的 60%。[②] 主要出口产品包括大豆、豆粕、豆油、玉米、高粱、小麦、葵花籽油、牛肉、猪肉、羊肉、马黛茶、蜂蜜、梨、花生、浓缩柠檬汁等。

表 5　2010—2014 年阿根廷主要畜牧产品生产、出口及消费量统计数据

| 畜产品 | 屠宰量（头） | | | | |
|---|---|---|---|---|---|
| | 2010 年 | 2011 年 | 2012 年 | 2013 年 | 2014 年 |
| 牛 | 11882706 | 10861896 | 11428791 | 12625513 | 12100979 |
| 猪 | 3234133 | 3442760 | 3818758 | 4805499 | 5110083 |
| 羊 | 4059942 | 3485388 | 2958331 | 2974046 | 3166985 |

---

① 阿根廷国家统计局（Instituto Nacional de Estadística y Censos, IN-DEC）数据库。URL = http：//www. indec. gov. ar/nivel4＿ default. asp？id＿ tema＿ 1 = 3&id＿ tema＿ 2 = 8&id＿ tema＿ 3 = 89。

② 阿根廷国家统计局数据库。URL = http：//www. indec. gov. ar/ftp/cuadros/ingles/i＿ argent＿ 08＿ 16. pdf。

| 出口量（吨） | | | | |
|---|---|---|---|---|
| 畜产品 | 2010 年 | 2011 年 | 2012 年 | 2013 年 | 2014 年 |
| 牛肉 | 313838 | 250893 | 183817 | 201688 | 203244 |
| 猪肉 | 706 | 839 | 926 | 907 | 1451 |
| 羊肉 | 8538 | 6097 | 3390 | 1781 | 3423 |
| 消费量（千吨） | | | | |
| 畜产品 | 2010 年 | 2011 年 | 2012 年 | 2013 年 | 2014 年 |
| 牛肉 | 2318 | 2248 | 2412 | 2620 | 2471 |
| 猪肉 | 326 | 350 | 355 | 427 | 443 |
| 羊肉 | 66 | 60 | 56 | 55 | 58 |

数据来源：阿根廷国家统计局数据库（http://www.indec.gov.ar/）。

目前，阿根廷是中国在拉美的第二大农产品贸易伙伴。阿根廷国家统计局 2015 年的外贸数据显示，阿根廷全年对华出口 53.88 亿美元，其中农产品出口约 49 亿，占比91% 左右。[①] 大豆和豆油仍为阿根廷对华出口最主要的两大农产品，相较上年，2015 年的出口量均有较大幅度增长。其中，大豆出口增长 57.2%，达到 943.84 万吨，约占阿根廷全年大豆出口总量的 81%，豆油对华出口量为 52.53 万吨，相较 2014 年增加 4.55 万

① 阿根廷国家统计局数据库。URL = http://www.indec.gov.ar/nivel4_default.asp? id_ tema_ 1 = 3&id_ tema_ 2 = 2&id_ tema_ 3 = 39。

吨，增幅9.5%。① 如前所述，由于国际市场价格不甚理想，出口额未能实现同比例的增长。除大豆和豆油外，阿根廷对华出口农产品虽种类不少，但数额相对分散，占比尚不突出（表6）。据中国商务部发布的2015年度贸易统计数据，阿根廷为中国第五大农产品进口来源国，自阿根廷进口的农产品占中国农产品进口总额的4.4%，相较上年增长约0.7%。②

表6　　　　　　　　2015年阿根廷对华主要农产品出口情况　（金额单位：百万美元）

| 商品类别 | 出口金额 | 上年同期 | 同比（%） | 占比（%） |
|---|---|---|---|---|
| 总值 | 5094 | 4521 | 16.4 | 100.0 |
| 油籽；子仁；工业或药用植物；饲料 | 3568 | 3032 | 17.7 | 69.0 |
| 动、植物油、脂、蜡；精制食用油脂 | 447 | 399 | 11.8 | 8.6 |
| 可食性肉类副产品及内脏 | 248 | 152 | 63.2 | 4.8 |
| 鱼及其他水生无脊椎动物 | 205 | 134 | 52.2 | 4.0 |
| 生皮（毛皮除外）及皮革 | 96 | 107 | -10.2 | 1.9 |

① 商务部对外贸易司：《中国进出口月度统计报告：农产品（2015年12月）》，第11页。URL＝http：//wms. mofcom. gov. cn/article/zt_ ncp/table/2015_ 12. pdf。

② 中国商务部对外贸易司：《中国进出口月度统计报告：农产品》（2014年12月），URL＝http：//wms. mofcom. gov. cn/article/zt_ ncp/table/2014_ 12. pdf。

续表

| 商品类别 | 出口金额 | 上年同期 | 同比（%） | 占比（%） |
|---|---|---|---|---|
| 烟草及烟草代用品的制品 | 57 | 99 | −42.9 | 1.1 |
| 羊毛等动物毛；马毛纱线及其机织物 | 51 | 49 | 4.3 | 1.0 |
| 乳；蛋；蜂蜜；其他食用动物产品 | 38 | 82 | −53.6 | 0.7 |
| 谷物 | 24 | 20 | 20.4 | 0.5 |
| 木及木制品；木炭 | 22 | 31 | −30.9 | 0.4 |
| 食品工业残渣及废料；配制的饲料 | 21 | 10 | 112.7 | 0.4 |
| 饮料、酒及醋 | 21 | 18 | 13.5 | 0.4 |
| 蔬菜、水果等或植物其他部分的制品 | 2 | 3 | −32.0 | 0.0 |
| 毛皮、人造毛皮及其制品 | 2 | 2 | −32 | 0.0 |
| 咖啡、茶、马黛茶及调味香料 | 1 | 1 | 11.3 | 0.0 |
| 橡胶及其制品 | 1 | 1 | −6.7 | 0.0 |
| 编结用植物材料；其他植物产品 | 1 | 1 | −28.4 | 0.0 |

数据来源：http：//countryreport. mofcom. gov. cn/record/view110209. asp? news_ id = 48350。

## 三  智利

论农业生产的自然条件，智利远不及以上两国。然而，狭长的地形加之多样的气候，亦使得智利农业呈现出自身鲜明的特色，区域优势得到了较为充分的展现（表7）。最近十几年间，智利在推动农产品出口方面表现甚为突出。2015 年，智利农业生产总值在整体国民生产总值中占比虽仅为 7.2%，出口却占到了全年商品出口总额的 33.76%，约合 210.46 亿美元。[①] 目前，智利是世界市场上即食葡萄、樱桃、蓝莓的第一大出口国，核桃、李子第二大出口国，漂白纸浆、胶合板、冷冻水果、葡萄干第三大出口国，葡萄酒、苹果、鳄梨、猕猴桃第四大出口国。

表 7　　　　　　　　　　智利自北向南主要区域特色农业

| 序号 | 区域 | 特色农业 |
|---|---|---|
| 1 | 北部 | 蔬菜种植，羊驼养殖 |
| 2 | 阿塔卡玛（Atacama）、埃尔基（Elqui） | 鲜果、葡萄种植，山羊养殖 |
| 3 | 中央山谷 | 鲜果、蔬菜、葡萄、农作物和鲜花种植 |
| 4 | 南部 | 农作物、鲜果、葡萄种植，奶、肉产品生产，林业生产 |
| 5 | 阿劳卡尼亚（Araucanía） | 谷物种植，肉产品生产，林业生产 |
| 6 | 湖区和河流大区 | 奶、肉产品生产，土豆种植，林业生产 |
| 7 | 巴塔哥尼亚 | 畜牧业，林业生产 |

---

① 智利中央银行统计数据库。URL = http：//www. bcentral. cl/en/faces/estadisticas？ _ afrLoop = 1461285880596412& _ afrWindowMode = 0& _ afrWindowId = xj774ze0o_ 81。

2005 年 11 月 18 日，在智利方面更为积极的推动下，中智两国签署了自由贸易协定。[①] 智利也由此成为世界上第一个与中国签署自由贸易协定的国家。2006 年 10 月 1 日协定正式生效，此后双边贸易获得了飞速发展。据智利外交部国际经济关系总司（Dirección General de Relaciones Económicas Internacionales，DIRECON）发布的数据，2015 年中智双边贸易总额为 314.71 亿美元，占智利 2015 全年贸易额的 26.44%。[②] 中国继续为智利第一大贸易伙伴、第一大出口目的地和第一大进口来源地。同样得益于双边自由贸易协定提供的诸如"零关税"等优惠政策，过去十年间，智利对华农产品的出口亦呈现快速增长之势。智利农业部农业政策研究办公室（Oficina de Estudiosy Políticas Agrarias，ODEPA）统计数据显示，智利对华农产品出口额在其农产品出口总额中所占份额从

---

① 中、西文协议文本分别可见：http://www.customs.gov.cn/Portals/0/2010Web/中智自由贸易协定文本（中文）.pdf；https://www.direcon.gob.cl/detalle-de-acuerdos/? idacuerdo = 6246。据中国媒体报道，截至 2015 年 1 月 1 日，双方协定货物贸易关税减让已执行完毕，5 月，两国签署了自贸协定升级谅解备忘录，计划于 2015 年 8 月前启动双边自贸协定升级联合研究。参看《中国与智利签署自贸协定升级谅解备忘录》，2015 年 5 月 26 日。URL = http://news.xinhuanet.com/2015-05/26/c_ 1115412909. htm。

② http://www.direcon.gob.cl/wp-content/uploads/2015/02/INFORME-TRIMESTRAL-VF. pdf.

2006 年的 1.2% 提高到 2015 年的 16.4%，仅低于美国（21.90%）。2015 年，智利对华农产品出口在对华出口总额中的占比逾 15%，较上年同期增长 0.5% 左右。[①] 从种类上看，近七成为加工类农产品，其中，饮料和烟草出口较 2014 年增长 49%，瓶装葡萄酒增幅为 46%，纸浆、纸张等产品需求仍表现强劲；另有约三成为初级产品，其中，大多为高品质水果，2015 年对华出口额基本稳定（图 18）。[②] 目前，中国是智利葡萄酒出口第二大目的国，智利则是中国第二大葡萄酒进口国。同时，在中国进口水果市场上，98% 的蓝莓、80% 的樱桃、一半的鲜食葡萄和苹果都来自智利，猕猴桃、李子、鳄梨等也占有一定份额。另有消息称，自 2015 年初以来，已有7000 多头奶牛、近千头羊驼自智利出口至中国。[③] 2016年，中国国家质检总局与智利农业部又就智利去壳核桃

---

① 智利农业部农业政策研究办公室统计数据库（http：//www. odepa. cl/estadisticas/comercio-exterior/）。

② DIRECON, Ministerio de Relaciones Exteriores, *Reporte Trimestral Comercio Exterior de Chile*, *Enero-Diciembre* 2015, Febrero 2016, pág. 17. URL = https：//www. direcon. gob. cl/2016/02/reporte-trimestral-enero-diciembre – 2015/。

③ 《智利与中国合作前景广阔——访中国驻智利大使李宝荣》，2015年 5 月 23 日。URL = http：//www. gov. cn/zhengce/2015 – 05/23/content_2867545. htm。

仁、带壳核桃、西梅干等一些新产品输华签署了相关准入协议。①

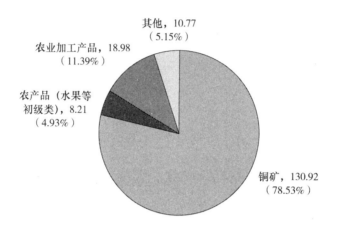

图18    2015 年智利对华出口商品出口金额及构成（单位：亿美元）

数据来源：DIRECON, Ministerio de Relaciones Exteriores, *Reporte Trimestral Comercio Exterior de Chile*, *Enero-Diciembre* 2015, Febrero 2016, pág. 17。

## 四    乌拉圭

乌拉圭面积不大，但由于整个国家处于温带，地理和气候条件优越，一直是拉美地区重要的农牧产品生产国和出口国。最近几年，随着中国农产品进口需求的增长，乌

---

①    参看《国家质量监督检验检疫总局〈质检总局关于进口智利核桃检验检疫要求的公告〉（2016 年第 32 号）》，2016 年 3 月 28 日。http：//www. aqsiq. gov. cn/xxgk_ 13386/jlgg_ 12538/zjgg/2016/201604/t20160407_ 463983. htm；《智利西梅干获准进入中国市场》，http：//cl. mofcom. gov. cn/article/jmxw/201607/20160701368397. shtml。

拉圭对华出口呈现出前所未有的发展态势（图19）。乌拉圭21世纪投资和出口促进委员会（Uruguay XXI Instituto de Promoción de Inversiones y Exportaciones，简称乌拉圭21世纪委员会）发布的2015年度数据显示，中国目前为乌拉圭最大的出口市场。如果把从乌拉圭自由区（Zona Franca）① 出口的贸易额计算在内，对华出口在其出口总额中占比高达23%；如将从自由区出口数额排除在外，这一比例大致为18%（图20）。据第二种计算方法所得的统计数据，2015年乌拉圭全年出口总额为89.67亿美元，其中前六大出口商品均为农产品，依次为牛肉、纸浆、大豆、乳制品、浓缩饮料、大米（包括糙米、白米、蒸煮米及其他大米），在出口总额中所占比重分别为16%、14%、13%、7%、6%和4%。其他重要出口农产品还包括皮革及制品（3%）、羊毛（3%）、可食性肉类副产品及内脏（3%）、大麦（2%）等。2015年，受国际市场价格影响，

---

① 乌拉圭自20世纪80年代起，在其国内共先后设立了12个自由区，如科罗尼亚自由区（Zona Franca de Colonia）、新帕尔米拉（Zona Franca de Nueva Palmira）、佛罗里达自由区（Zona Franca Florida）等，以免税等方式吸引外国投资者前往投资建厂及从事相关服务业，同时对进出自由区的货物实行免除关税等优惠政策，以鼓励出口。详见 http：//zonasfrancas. mef. gub. uy/。

乌拉圭对华出口总额较上年有所下降，为14.09亿美元。其中，大豆出口占比四成以上，其次为牛肉、羊毛及其织物，分别占出口总额的34.5%和9.7%。目前，中国是乌拉圭大豆和牛肉的第一大出口市场，2015年在其出口总额中占比分别为54.7%和34%。相较中国，巴西、阿根廷与乌拉圭的贸易商品相对多元，除部分农产品外，贸易量较大的主要是汽车及其零部件、塑料制品等。①

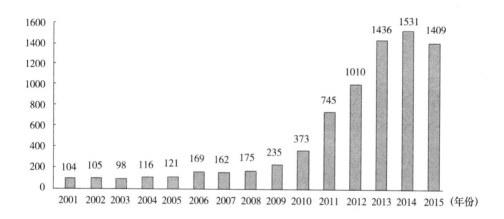

**图19  2001—2015年乌拉圭对华出口情况（单位：百万美元）**

数据来源：http：//www. uruguayxxi. gub. uy/exportaciones/informes-comerciales/。

---

① Uruguay XXI Instituto de Promoción de Inversiones y Exportaciones, "Informe Anual de Comercio Exterior", diciembre 2015 (URL = http://www. uruguayxxi. gub. uy/information/wp-content/uploads/sites/9/2016/01/Informe-Anual-Comercio-Exterior – 2015. pdf); Uruguay XXI Instituto de Promoción de Inversiones y Exportaciones, "Principales datos del Comercio Exterior" (URL = http：//www. uruguayxxi. gub. uy/informacion/wp-content/uploads/sites/9/2016/01/Anexo-Estadistico-Informe-Anual – 2015. pdf).

如图 13 所示，巴西、阿根廷、乌拉圭是中国在拉美前几大农产品进口国，在其背后，大豆这个大宗商品扮演了极为重要的角色。相较上述三国，近年对华农产品出口方面有突出表现的如智利（2015 年已超过乌拉圭成为拉美第三大对华农产品出口国）、秘鲁等国，与中国之间并不存在特别的大宗商品供需关系，这些国家近年对华农产品出口的增长，很大程度上得益于另一个特殊的有利条件，即双边自由贸易协定。

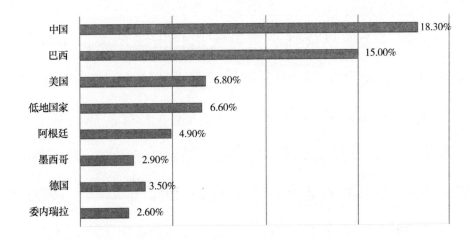

**图 20　2014 年乌拉圭前八大出口市场占比情况（不含从自由区出口数额）**

数据来源：Uruguay XXI Instituto de Promoción de Inversiones y Exportaciones，"Informe de comercio exterior：Exportaciones e importaciones de Uruguay," Diciembre 2014（http：//www. uruguayxxi. gub. uy/informacion/wp-content/uploads/sites/9/2016/01/Informe-Anual-Comercio-Exterior－2015. pdf）。

## 五 秘鲁

秘鲁是拉美地区第二个与中国签署自由贸易协定、第一个与中国签署全面自由贸易协定的国家。同智利一样，秘鲁与中国之间的货物贸易自 2010 年 3 月 1 日双边自由贸易协定生效后，获得了稳步而快速的增长。秘鲁前农业部长米尔顿·冯·赫赛（Milton Von Hesse）2013 年 6 月在第一届中拉农业部长论坛发言中称，2010—2013 年间秘鲁对华农产品出口额增长了 8.7 倍。[①] 目前，中国是秘鲁的第一大贸易伙伴、第一大出口市场和进口来源国。根据秘鲁方面发布的 2015 年双边贸易报告，过去一年间，秘鲁对华出口总额 74.06 亿美元，总体上看，以传统产品（即矿产品以及少量如鱼粉、鱼油等渔业产品）为主导的出口格局并未发生基本改变，但自 2012 年以来，传统产品出口额已连续两年呈现下降趋势，降幅在 7% 左右。相应地，非传统产品的出口最近几年增长迅速，2013 年和 2014 年分别较上年增长 10.8% 和 27.7%（图 21）。

---

[①] "Peru's Agro-exports to China Grew 8.7 Times in Post-FTA Period," *Andina*, June 09, 2013. URL = http://www.andina.com.pe/Ingles/noticia-perus-agroexports-to-china-grew-87-times-in-postfta-period-461881.aspx.

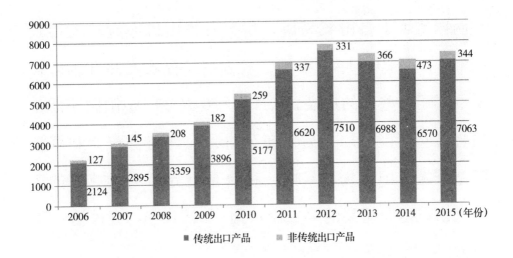

**图21　2006—2015 年秘鲁对华出口情况（单位：百万美元）**

数据来源：Ministerio de Comercio Exterior y Turismo, Secretaría General, y Oficina General de Estudios Económicos（MINCETUR-OGEE-OEEI），"Reporte de Comercio Bilateral Perú-China," Diciembre 2011；MINCETUR-OGEE-OEEI，"Reporte de Comercio Bilateral Perú-China," Diciembre 2014. URL = http：//www. mincetur. gob. pe/newweb/ Default. aspx? tabid =793。

　　秘鲁目前对华出口的非传统产品中，70% 以上为农畜产品和其他渔产品，其中巨型鱿鱼和鲜食葡萄出口增幅最为显著，2014 年对华出口金额分别达 1.6 亿美元和 8357 万美元，较 2013 年分别增长了 73.7% 和 78.3%。分别占非传统产品出口总额的 34.2% 和 17.9%。除此之外，秘鲁一些特色农产品如羊驼毛、大玉米、玛卡粉以及芒果、柑橘（葡萄柚、桔、橙、来檬）等新鲜水果，在两国签署了自由贸易协定后，对华出口亦有较大增长（图22）。[1] 2015 年上半年，双方在秘鲁农产品准入方面又取得了一些新的进展，4 月初和 6 月底，中国国家质量监督检验检疫总局先后发布公告，允许秘鲁芦笋和鲜食鳄梨进入中国市场。目前，秘鲁是世界市场上芦笋的第一大出口国和鳄梨的第二出口国。[2] 2016 年 11 月初，秘

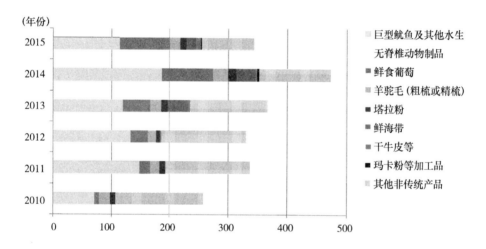

图 22  2010—2015 年秘鲁对华非传统出口产品中主要农产品出口情况

（单位：百万美元）

数据来源：同上。

---

① MINCETUR-OGEE-OEEI "Reporte de Comercio Bilateral Perú-China," Diciembre 2014, pp. 6, 9 – 10.

② 《质检总局关于秘鲁芦笋准入问题的公告》（2015 年 40 号），2015 年 4 月 1 日。URL = http://www. aqsiq. gov. cn/xxgk_ 13386/jlgg_ 12538/zjgg/ 2015/201504/t20150421_ 436879. htm；《质检总局关于进口秘鲁鳄梨植物检验检疫要求的公告》（2015 年第 80 号），2015 年 6 月 30 日。URL = http:// www. aqsiq. gov. cn/xxgk_ 13386/jlgg_ 12538/zjgg/2015/201507/t20150702_ 444006. htm。

鲁国家农业安全局和中国国家质量监督检验检疫总局又就秘鲁蓝莓进入中国市场达成一致。11月21日，首批秘鲁蓝莓通过东航包机实现输华。秘鲁目前仅次于智利和阿根廷，为南美第三大蓝莓出口国。

除以上重点讨论的五个国家外，另有一些国家在推动对华农产品出口方面也取得了显著进展，墨西哥是其中较为突出的一个。虽然很长时间以来，中墨贸易关系总体不尽如人意，双边贸易数额的增长相较中国同南美国家相去甚远，不过，最近这些年，墨西哥在对华农产品出口方面，取得了不少突破。目前墨西哥输华农产品种类多样，除传统出口产品棉花、咖啡、鱼粉、动物原皮等之外，还包括鳄梨、葡萄、黑莓、树莓等鲜果，草莓、木莓等冻果，香菇、青蒜等新鲜或冷藏类蔬菜，以及墨西哥国酒龙舌兰酒、啤酒、橙汁、冷冻鱼、虾、鱿鱼等，其中部分产品具有较高附加值。同时，作为中、墨两国政府商务谈判的成果之一，2016年7月4日，第一批墨西哥猪肉发往中国，预计每年出口量在2万到3万吨，出口额达7550万美元。① 除墨西哥之外，厄瓜多尔、哥伦

---

① 墨西哥经济部驻华代表处：《墨西哥中国经贸信息简讯（第七期）》，2016年10月。

比亚、哥斯达黎加、巴拿马以及危地马拉、萨尔瓦多、尼加拉瓜、洪都拉斯、多米尼加共和国等部分中美洲及加勒比未建交国的一些主要出口农产品，如香蕉、白虾、咖啡、鲜花、可可豆等，在中国市场上也占有一定份额。

# 第三章 中国在拉丁美洲的农业投资

除贸易之外，对拉进行农业投资是中国与拉美国家展开农业合作的又一重要方面。以下将主要从中国对外农业投资合作的整体形势、拉美农业领域外资流入情况、中国对拉农业投资的重点案例等三个层面分别加以阐述。

## 第一节 中国对外农业投资合作概况

考察中国对拉美的农业投资应首先避免就事论事和孤立视角，因为这一问题很大程度上是中国对外农业投资合作这一个整体性的问题在一个地区的折射和反映。我们知道，中国对外农业投资合作是在对外农业援助的基础上发展起来的。如果将对外援助与投资分开来看的话，中国在农业领域的对外直接投资总体上是一个比较新的问题。就其发展脉络和基本特征来看，带有很强的外部政策和内在需求共同驱动的色彩。

从外部环境来看，最近十余年，国家鼓励农业对外投资的政策日益明确。比较具有标志性的事件是，2001年中央经济工作会议提出国家实施"走出去"的战略，第二年的中央农村工作会上配合提出了农业"走出去"的战略。不同于已有的农业贸易发展战略，该战略的主要目的在于扩大对外农业投资。2006年，商务部、农业部和财政部联合下发了《关于加快实施农业"走出去"战略的若干意见》，推动农业"走出去"，农业部还专门制订了《农业"走出去"发展规划》。同年，以上三个部门牵头成立了由10个部门组成的农业"走出去"工作部际协调领导小组。2008年，商务部和农业部又牵头建立了由14个部门组成的对外农业合作部际工作机制。2010年中央一号文件进一步提出，要加强农业开发合作，制定鼓励政策，支持有条件的企业"走出去"。① 所谓鼓励政策，除简化对外投资审批程序、放宽对外投资外汇管制等，对农业投资来说，相较更为要紧的是给予直接或间接的财政金融支持，目前这方面的资金可获渠道主要有两个：一是政府专项资金。比如，2012 年 7 月，商务部和财政部联合下发的《关于做好 2012 年对外经济技术合作专项资金申报工作的通知》中，将"境外农、林、渔、矿业合作"作为对外经济技术合作的重点支持领域，给予直接补助和贷款贴息。直接补助项目包括各种前期费用，境外开发所获资源运回国内的运保费，"走出去"人员人身意外伤害保险、境外突发事件处置费、外派劳务人员培训费、企业投保海外投资保险的保费等。贷款贴息则是对项目经营一年及一年以上的贷款给予贴息。根据这一政策精神，"走出去"企业可通过直接补助和贷款贴息的方式获得最高 3000 万元的财政专项资金支持。② 除此，各地方政府也陆续出台了相关鼓励政策。比如，农业大省安徽于

---

① 宋洪远、张红奎等编著：《中国企业对外农业投资战略研究》，中国发展出版社 2014 年版，第 14 页。

② 财政部、商务部：《关于做好 2012 年对外经济技术合作专项资金申报工作的通知》，财企〔2012〕141 号，2012 年 6 月 19 日。URL = http：// hzs. mofcom. gov. cn/article/zcfb/f/201207/20120708227115. shtml。

2011 年出台了《关于加快实施农业"走出去"战略的意见》，其中明确规定"每年安排的省财政支持'走出去'专项资金中，20％用于支持农业'走出去'"。[①] 二是政策性银行专项贷款。比如，2004 年 10 月，国家发改委、中国进出口银行宣布共同建立境外投资信贷支持机制，由进出口银行在年度出口信贷计划中安排一定规模的、享受其出口信贷优惠利率的信贷资金作为"境外投资专项贷款"，对包括农业资源开发在内的境外投资重点项目予以支持。[②] 2005 年 9 月，国家发改委和国家开发银行联合下发的《关于进一步加强对境外投资重点项目融资支持有关问题的通知》中，明确了国家开发银行亦将在其每年的股本贷款规模中划出一定规模的资金用作"境外投资股本贷款"，支持境外投资重点项目扩大资本金，提高融资能力。除此之外的支持还包括：提供大额、稳定的中长期非股本贷款，组织国际银团贷

---

① 安徽省人民政府办公厅：《关于加快实施农业"走出去"战略的意见》，皖政办［2011］50 号，2011 年 7 月 5 日。URL = http：//xxgk. ah. gov. cn/UserData/DocHtml/700/2013/12/5/606316732158. html。

② 国家发改委、中国进出口银行：《关于对国家鼓励的境外投资重点项目给予信贷支持政策的通知》，2004 年 10 月 27 日。URL = http：//www. sdpc. gov. cn/fzgggz/wzly/jwtz/jwtzzl/200507/t20050714_ 670533. html。

款、境外贷款等协助落实融资方案，提供相关领域的行业分析、风险评估等。①

政策利好对鼓励农业企业"走出去"是一个重要的推动因素，但仔细考察不难发现，事实上，包括农业投资在内的不少对外直接投资项目，很多时候是"走出去"的行动先于鼓励政策的出台。所以，从某种意义上说，国内市场的需求相对是更为直接的驱动因素。在中国农业"走出去"的诸多案例中，虽然亦有某些带有执行国家对外援助或落实国家战略的性质，但更多的是以企业为主导、以追求利润为目的的海外投资项目。最近几年，中国对外农业投资项目数量不断增加，金额亦呈现显著增长。据统计，2015 年年末我国农业对外直接投资累计金额达到 114.8 亿美元，虽然在中国对外投资总存量中占比很小，且较之服务、金融、采矿、批发零售、制造等大多数行业，规模仍有较大差距，但就近五年流量数据来看，年均增幅达 39.06%，远高于同期中国对外投资总流量 16.28% 的平均增幅（图 23—25）。

---

① 国家发改委、国家开发银行：《关于进一步加强对境外投资重点项目融资支持有关问题的通知》，发改外资［2005］1838 号，2005 年 9 月 25 日。URL = http：//wzs. ndrc. gov. cn/zcfg/jwtzp/200804/t20080411_ 203661. html。

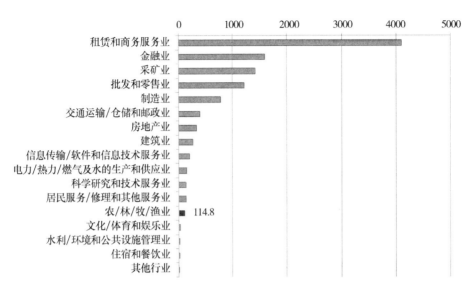

**图 23　2015 年年末中国 OFDI 存量行业分布（单位：亿美元）**

数据来源：商务部、国家统计局、国家外汇管理局主编：《2015 年度中国对外直接投资统计公报》，中国统计出版社 2016 年版，第 21 页。

说明：该公报对国别地区统计的原则是将英属维尔京群岛、开曼群岛、百慕大群岛作为对外直接投资的首个国家（地区）进行统计的；并购项目只计入年内完成交割的项目数额。

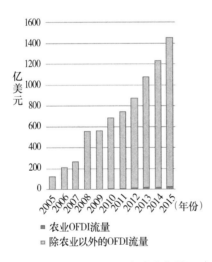

**图 24　2005—2015 年农业领域 OFDI 流量**

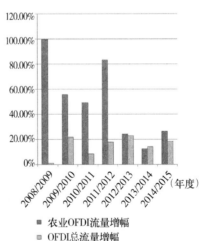

**图 25　2008—2015 年农业领域 OFDI 流量增幅**

数据来源：2005—2006 年数据来自《2013 年度中国对外直接投资统计公报》，第 51 页。2007—2015 年数据来自《2015 年度中国对外直接投资统计年报》，第 52 页。

　　值得说明的是，农业部提供的数据与商务部、国家统计局、国家外汇管理局联合发布的数据有所不同。2014年，农业部依据自己同各省联动的信息采集体系所构建的对外农业投资数据库，先后于3月和12月出版了两部《中国对外农业投资合作报告》，就迄今为止的对外农业投资情况做了相应的数据整理与分析。根据后一部报告，2013年中国对外农业投资流量为12.99亿美元，主要集中流向亚洲和大洋洲。其中，亚洲为4.23亿美元（占比32.5%），大体分布在印度尼西亚（1.59亿美元）、老挝（6205万美元）、柬埔寨（5238万美元）等东盟国家；大洋洲4.18亿美元（占比32.2%），半数以上流向澳大利亚（2.37亿美元）。其余各洲依次为：欧洲2.39亿美元（占比18.4%），主要分布在俄罗斯（1.52亿美元）；非洲1.73亿美元（占比13.3%），主要分布在莫桑比克（6451万美元）；南美洲3384万美元（占比2.6%），主要分布在巴西（1725万美元）；北美洲1270万美元（占比1%），主要分布在美国（1268万美元）（图26）。存量分布亦大致与此相当。截至2013年，中国对外农业投资存量为39.56亿美元，同样主要集中于亚洲和大洋洲。其中，亚洲14.33亿（占比36.2%），主要分布在印度尼西亚

（4.86 亿美元）、老挝（1.85 亿美元）、泰国（1.18 亿美元）、越南（1.16 亿美元）等国；大洋洲 8.03 亿美元（占比 20.3%），主要分布在澳大利亚（5.43 亿美元）。其余各洲存量情况：非洲 8.44 亿美元（占比 21.3%），主要分布在莫桑比克（1.91 亿美元）、马达加斯加（1.33 亿美元）等；欧洲 5.71 亿美元，（占比 14.4%），主要分布在俄罗斯（4.44 亿美元）；南美洲 2.36 亿美元（占比 6%），主要分布在巴西（1.69 亿美元）；北美洲 6800 万美元（占比 1.7%），主要分布在加拿大（4070 万美元）（图 27）。对以上 10 国累计投资额超过总量的 60%（图 28）。①

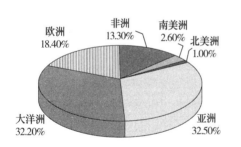

图 26　2013 年中国对外农业

投资流量分布

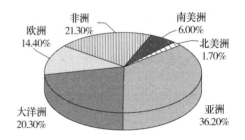

图 27　2013 年中国对外

农业投资存量分布

数据来源：农业部国际合作司、农业部对外经济合作中心编著：《中国对外农业投资合作报告（2014 年度）》，第 12—13 页。

---

①　农业部国际合作司、农业部对外经济合作中心编著：《中国对外农业投资合作报告（2014 年度）》，中国农业出版社 2014 年版，第 2—7、13—20 页。

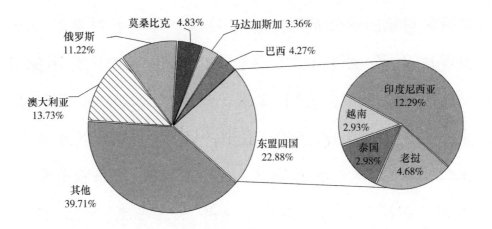

图28　中国企业对相关主要国家的农业投资在总投资存量中的占比

数据来源：农业部国际合作司、农业部对外经济合作中心编著：《中国对外农业投资合作报告（2014年度）》，第13—20页。

就企业数量、类型、分布以及投资数额而言，截至2013年年底，中国共有373家境内投资机构在境外投资设立了农业企业，设立企业数量共计443家。其中，独资企业278家（占比62.7%）、合资企业127家（占比28.7%），合作企业38家（占比8.6%）。这443家企业中，大约81%即359家在正常营业，其余则处于筹备或暂停状态。从地区分布来看，中国境外农业企业主要设立在亚洲和欧洲。截至2013年，亚洲共有企业202家（占比45.6%）、欧洲97家（占比21.9%）、非洲76家（占比17.2%）、北美洲29家（占比6.5%）、大洋洲27家（占比6.1%）、南美洲12家（占比2.7%）。相应在各地区主要投资对象国的分布为：老挝30家、印度尼西亚21家、柬埔寨21家、缅甸21家、俄罗斯77家、莫桑比克16家、马达加斯加6家，美国22家、澳大利亚16家、巴西5家。从产业结构分布来看，其中种植业企业共228家（占比51.4%），林业企业23家（占比5.2%）、畜牧业企业26家（占比5.9%）、渔业企业40家（占比9%）、农副产品加工企业42家（占比9.5%）、农林牧渔服务业84家（占比19%），总体覆盖生产（301家）、加工（218家）、仓储（142家）、物流（111家）等各领域。

在进入累计投资额统计的397家境外企业中，截至2013年年末，累计投资额在200万美元以下的有159家（占比40%）、201万美元至500万美元间的有83家（占比20.9%）、501万美元至1000万美元间的有59家（占比14.9%）、1001万美元至2000万美元间的共45家（占比11.3%）、2001万美元至5000万美元间的有33家（占比8.3%）、5001万美元至1亿美元间的共13家（占比3.3%），累计投资在1亿美元以上的仅5家（占比1.3%）。①（图29）

---

① 农业部国际合作司、农业部对外经济合作中心编著：《中国对外农业投资合作报告（2014年度）》，第3—7、13—20页。

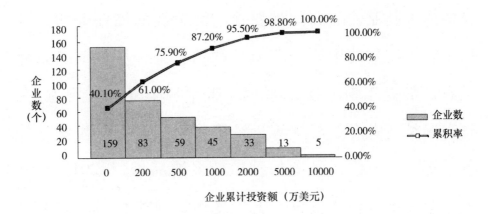

图 29　截至 2013 年年底中国对外农业投资企业累计投资额分布

数据来源：农业部国际合作司、农业部对外经济合作中心编著：《中国对外农业投资合作报告（2014 年度）》，第 5—6 页。

从中国对外农业投资的产业分布来看，虽广泛涉及了各产业类别，但总体上种植业占据了较大比重。截至 2013 年年底，中国企业境外种植投资存量为 21.43 亿美元，占总存量的 54.17%，其中投向亚洲 7.15 亿美元，占比 33.3%；非洲为 5.42 亿美元，占比 25.3%；欧洲 3.16 亿美元，占比 14.8%；大洋洲 3.41 亿美元，占比 15.9%；南美洲 2.24 亿美元，占比 10.4%，北美洲 620 万美元，占比 0.3%。从投资主体看，来自农业大省或农垦系统（如黑龙江、山东、云南、四川、广西、江苏）的企业占比较高，从投资目的地来看，情况大致同前，亚洲的印度尼西亚、老挝，非洲的莫桑比克，大洋洲的澳大利亚，欧洲的俄罗斯，南美洲的巴西等国，吸引了较大比重的中国企业境外种植投资。从种植产品种类看，粮食作物中多以水稻、玉米、小麦、大豆为主，辅以薯类、大麦、高粱等；经济作物中，天然橡胶、甘蔗、棉花、油棕等是境外种植较多的品种。① 2013 年海外种植主要作物产量以及上年度作物种类及产量的地区分布情况可分别参看图 30 和图 31。

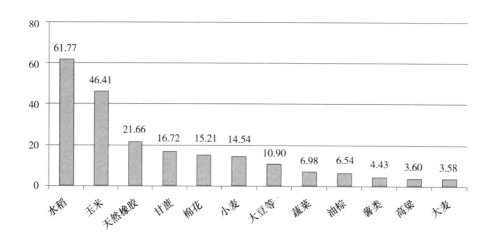

图 30  2013 年中资企业海外种植相关作物种类及产量（单位：万吨）

数据来源：农业部国际合作司、农业部对外经济合作中心编著：《中国对外农业投资合作报告（2014 年度）》，第 40—41 页。

---

① 农业部国际合作司、农业部对外经济合作中心编著：《中国对外农业投资合作报告（2014 年度）》，第 38—41 页。

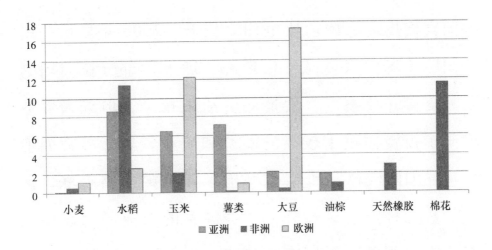

图31    2012年中资企业在亚洲、欧洲和非洲等主要投资地

相关作物种植产量（单位：万吨）

数据来源：农业部国际合作司、农业部对外经济合作中心编著：《中国对外农业投资合作报告（2012）》，中国农业出版社2014年版，第8—10页。

# 第二节    拉丁美洲农业领域
# 外资流入情况

从以上关于中国对外农业投资的整体分析中可以看出，直至目前，拉美其实并不是中国对外农业投资的重点地区。其中个别国家，比如巴西，虽然已跃居为中国第二大农产品进口来源国，且具有优越的资源条件，自中国流入的农业投资仍非常有限。同时，就拉美整个地区来看，农业领域相较其他领域，吸引的

外国直接投资总体占比也相对较低。2003 年之后，由
于国际市场大宗商品价格走高，加上大部分拉美国家
对外资持开放态度，大量外资涌入拉美，但绝大多数
流向了投资回报率较高的能源和矿业领域。尽管如前
所述，国际农产品价格也经历了类似的价格上涨，但
除少数几种产品领域外，拉美国家的农业部门总体上
并未吸引到很多外国直接投资。根据联合国拉美经委
会的统计，2005—2011 年间拉美地区农业部门吸引外资
最多的 10 个国家（巴西、乌拉圭、阿根廷、哥斯达黎
加、智利、危地马拉、墨西哥、厄瓜多尔、哥伦比亚和
洪都拉斯）累计吸引外资金额为 102 亿美元（图 32），
在同期整个地区外资流入总量（5181 亿美元）中占比仅
为 2%。① 就国别来看，2005—2011 年，乌拉圭农业部门
接收的外资相较在该国 FDI 流入总量中所占份额是以上
10 个国家中最高的，达到 21.6%，其次为危地马拉
（12.5%）、厄瓜多尔（7.3%）和哥斯达黎加（6.7%）
等（图 33）。

---

① Economic Commission for Latin America and the Caribbean, "Foreign Di-
rect Investment in Latin America and the Caribbean, 2012," Briefing Paper, June
2013, p. 89.

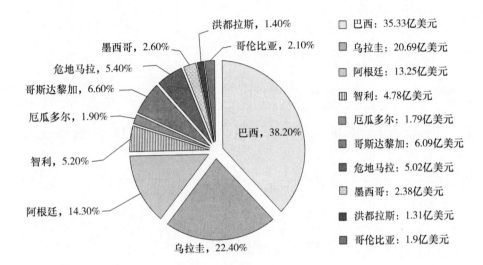

**图 32　2005—2011 年拉美 10 个国家农业部门累计流入外资数额及占比**

数据来源：Economic Commission for Latin America and the Caribbean,"2012 Foreign Direct Investment in Latin America and the Caribbean," Santiago, Chile, June 2013, p. 102。

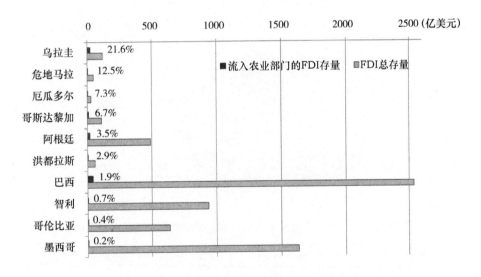

**图 33　2005—2011 年拉美 10 个国家流入农业部门的外资存量**

**及其在同期外资总存量中的占比**

数据来源：Economic Commission for Latin America and the Caribbean, "Foreign Direct Investment in Latin America and the Caribbean, 2012," Briefing Paper, June 2013, pp. 89, 128。

2005—2011 年，拉美地区农工部门吸引的外资绝大
多数（98.8%）集中在巴西、墨西哥、阿根廷、乌拉
圭、巴拉圭和哥斯达黎加等 6 个国家，合并金额达 484
亿美元，其中巴西为 241.84 亿美元，占比约 50%，墨西
哥为 181.43 亿美元，占比 37.9%，阿根廷 53.39 亿美
元，占比 11%，乌拉圭、巴拉圭和哥斯达黎加分别为
5.17 亿美元、1.25 亿美元和 1.15 亿美元，合占 1%
（图 34、图 35）。

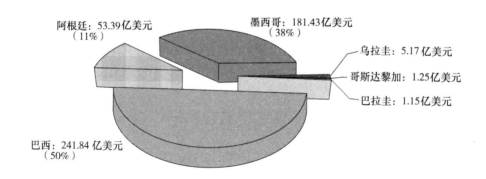

**图 34　2005—2011 年拉美 6 个国家农工部门吸引外资数额及占比**

数据来源：Economic Commission for Latin America and the Caribbean, "Foreign
Direct Investment in Latin America and the Caribbean, 2012," Briefing Paper, June
2013, p. 90。

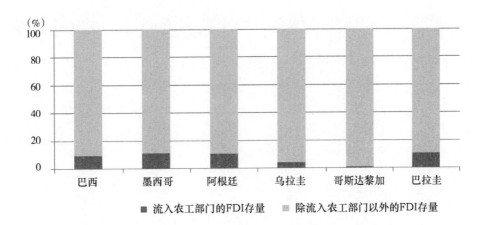

图35　2005—2011 年拉美 6 个国家农工部门吸引的外资存量

在同期外资总存量中的占比

数据来源：Economic Commission for Latin America and the Caribbean ，"Foreign Direct Investment in Latin America and the Caribbean, 2012"，Briefing Paper，June 2013，pp. 90，128。

从以上数据可以看出，地区国家在吸引外资流入本国农业领域的潜力有很大不同。最具潜力的国家包括阿根廷、巴西、乌拉圭和巴拉圭等南方共同市场（Mercado Común del Sur/ Mercado Comum do Sul，Mercosur/Mercosul）成员国。这些国家农业资源较为丰富，并已成为大豆、小麦、蔗糖、咖啡、橙汁、禽肉、牛肉、烟草、乙醇和生物柴油等农产品和农工产品的重要出口国。加勒比国家的情况恰与之相反，由于土地资源短缺、农业部门发展缓慢等原因，长期以来一直是粮食进口国。墨西哥、中美洲以及安第斯国家的情况总体介于以上两者之间（相关地区国家耕地数量及构成等参看图36、图37）。①

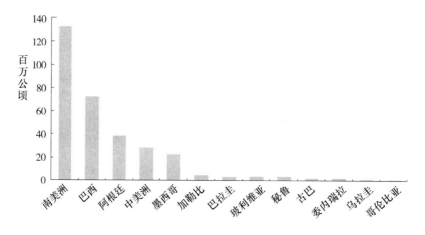

**图36　拉美各次区域及相关国家耕地数量对比**

数据来源：联合国粮农组织统计数据库（FAOSTAT）。

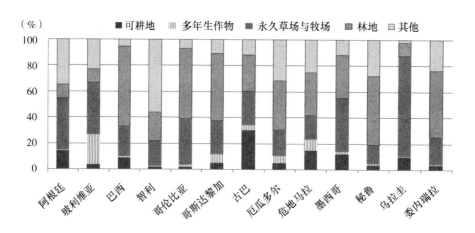

**图37　拉美相关国家土地构成情况（2012 年数据）**

数据来源：联合国粮农组织统计数据库（FAOSTAT）。

①　Economic Commission for Latin America and the Caribbean，"2012 Foreign Direct Investment in Latin America and the Caribbean，" Santiago，Chile，June 2013，p. 101.

　　2008 年粮食危机引发了全球范围的农产品价格的普遍高涨，此后至 2011 年前后，相关拥有农业投资优势国家的外资流入亦呈现出显著上升趋势。以阿根廷为例，据阿根廷中央银行数据，自 2008 年至 2012 年，阿根廷农牧业等相关领域吸引的外资存量从 17.68 亿美元增至 28.56 亿美元，年均增幅在 13% 以上。截至 2013 年 12 月 31 日，美国、乌拉圭、西班牙、智利、荷兰、意大利仍为其前六大投资来源国，在阿农牧业相关领域投资存量分别为 5.52 亿美元（占比 25.4%）、2.86 亿美元（占比 13.8%）、2.85 亿美元（占比 13.8%）、1.71 亿美元（占比 8.3%）、1.15 亿美元（占比 5.6%）和 1.13 亿美元（占比 5.5%）。（图 38）

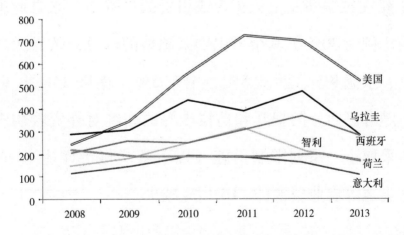

图 38　2008—2013 年阿根廷农业领域外资主要来源国及存量变化（单位：百万美元）

　　数据来源：阿根廷中央银行统计数据库（http://www.bcra.gov.ar/Estadisticas/estser030400.asp）。

　　粮食危机引发的另一个全球性的农业投资行为在拉美亦值得关注，此即所谓"海外屯田"（Land Grabbing）。相关数据显示，2008 年以后土地投资在拉美农业领域吸引的外资中所占比例明显有所上升。包括拉美在内的各跨国企业通过购置、租赁等方式在该地区获得土地，根据拉美和世界市场对粮食、饲料以及生物能源的需求变化等灵活种植农产品，以获得投资回报（相关国家被投资土地的大致用途详见表 8）。与多数评论不同，根据拉美经委会的相关研究，在拉美从事土地投资的企业，多数实非地区之外的跨国公司，而是所谓"跨拉美公司"，即在拉美从事跨国经营的本地公司（大多总部位于巴西或阿根廷）。2000—2011 年在拉美涉及土地买卖或租赁的投资中，来自此类公司的比例为 30%，其余可识别来源地的部分，依次为北美 13%、东亚 9%、西欧 5%、中东 5%、南欧 1%。[①] 近几年，随着巴西、阿根廷和乌拉圭等国相继对外资收购农业用地采取了一系列限制措施（以下章节将予详述），直接流入土地等农业资源的 FDI 相应减少。

---

① Economic Commission for Latin America and the Caribbean, "2012 Foreign Direct Investment in Latin America and the Caribbean," Santiago, Chile, June 2013, p. 97.

表8　　　　　　　　　拉美相关国家近年被投资土地的集中用途

| 国家 | 农林牧相关生产及其他 |
| --- | --- |
| 阿根廷 | 大豆、小麦、家畜、甘蔗、烟草、水果、保护区 |
| 玻利维亚 | 大豆、家畜、林木 |
| 巴西 | 大豆、甘蔗、家禽、林木、家畜、水果 |
| 智利 | 林木、水果、奶业、葡萄酒、种子、家禽、保护区 |
| 哥伦比亚 | 油棕榈、甜菜、甘蔗、大豆、稻米、玉米、林木 |
| 厄瓜多尔 | 香蕉、甘蔗、油棕榈、林木 |
| 巴拉圭 | 大豆、玉米、小麦、家畜 |
| 秘鲁 | 水果、蔬菜、甘蔗、油棕榈 |
| 乌拉圭 | 林木、大豆、奶业、小麦、稻米、家畜 |
| 墨西哥 | 玉米价值链、甘蔗、水果、蔬菜、咖啡、大麦、龙舌兰 |
| 哥斯达黎加 | 香蕉、菠萝、油棕榈 |
| 危地马拉 | 甘蔗、油棕榈、林木 |
| 尼加拉瓜 | 林木、家畜、稻米、油棕榈、甘蔗、柑橘、旅游 |
| 巴拿马 | 香蕉、咖啡、稻米、油棕榈 |
| 多米尼加共和国 | 甘蔗、香蕉、水果、蔬菜 |
| 圭亚那 | 甘蔗、家畜、稻米、菠萝、林木 |
| 特立尼达和多巴哥 | 甘蔗、可可、水果 |

资料来源：Sergio Gómez，"Dinámicas del Mercado de la Tierra en América Latina y el Caribe：Concentración y Extranjerización / Reflexiones finales，" 2011, pp. 586 – 587. URL = http：//www. fao. org/docrep/019/i2547s/i2547s05. pdf。

# 第三节　中国在拉丁美洲农业 投资的重点案例

　　中国企业对外投资本身起步较晚，这些年来，特别是 2008 年金融危机后，在拉美的投资虽然呈现出快速增长的势头，但相较美、欧及拉美地区国家，几乎不占特别份额，至于农业领域的投资，更是数额有限，具体到项目，可撑起个案研究的为数很少。从时间上看，除个别援助项目外，其余项目基本发生在 2008 年粮食危机之后。先行的一些项目兴趣多集中在对土地等农业资源进行投资，通过直接购买或长期租赁等方式取得土地的所有权和/或使用权，继而从事大豆等国内需求较大或进口依存度较高的农产品的种植，然后返销回国。如前所述，2010 年之后，随着相关国家先后出台土地限购、限租政策，继续通过土地投资进入拉美从事农业开发的空间越来越小。与此同时，通过兼并收购等方式间接获得相关农业资产，由于阻碍较少、敏感度较低，越来越成为更多企业的优先选项。不过，无论偏好上述何种方式，在庞大而需求多样的国内市场上占据一席之地或享有更大份额，尽量减少中间商环节，几乎是中国企业前往拉美进行农业投资的共同驱动力。对于那些大型国有粮企而言，国家层面的推动也是非常重要的因素。

选择海外种植的企业在拉美的农业开发项目，无一例外地集中在耕地资源较为丰富的国家，诸如巴西、阿根廷等国。对于它们来说，这些国家的吸引力首先在于优越的自然条件，其次便是远较国内低廉的土地价格，至于路途遥远、运输成本高、相关基础设施条件不佳等问题，对其投资行为并未产生特别明显的影响。相比之下，采取并购方式进行农业投资的企业，往往有更为多元的考虑或诉求，这些企业往往将拉美视作自己在全球范围内获得农业资产、拓展全球产业链、参与国际竞争的一个组成部分。本节拟从微观着手，选取若干具有代表性的案例，对中国企业在拉美农业投资的特点加以说明。

**案例一：新天国际在古巴和墨西哥两国的农业援助项目**

如前所述，中国的对外农业投资是从援外基础上发展而来的。在拉美，情况同样如此。相较于非洲，中国在拉美的农业援助项目数量并不算多，其中，近年来受到外界一定关注的新疆新天国际经济技术合作有限公司（以下简称新天国际）① 在墨西哥和古巴的两个农业领域的经济援助项目，在很多方面与完全服务于国家外交的援助项目有所不同，值得在此略作探讨。

### 1. 古巴—中国新天水稻试验农场项目

1996 年，根据中国政府与古巴政府签署的相关援助协议，新天国际经济技术合作公司与古巴格拉玛省合作建立了"古巴—中国新天水稻试验农场"，此后采用新疆兵团大农业的技术和管理经验在古巴种植双季水稻。1996—1997 年度首季种植的 150 公顷春季水稻，获得较好收成，第二季水稻播种面积增至 241 公顷，单产远高于古巴国内农场水平，净利 22.5 万美元。② 随后几季的年均产量也一直保持增长态势。1998 年 8 月，中古水稻合作实验农场项目正式结束，三年六季共播种水稻 1296

① 新天国际经济技术合作有限公司成立于 1991 年，系新疆生产建设兵团所属大型涉外企业，由新疆农垦农工商联合总公司直接领导，商务部的前身国家对外经济贸易合作部（简称外经贸部）归口管理。日常业务包括承包海外工程、外派劳务人员、承办对外农业援助项目等。

② 新疆生产建设兵团史志编纂委员会：《新疆生产建设兵团年鉴 1997》，新疆人民出版社 1997 年版，第 236 页。

公顷，收获稻谷 7505.9 吨，加工大米 4234.1 吨，取得了较好的经济效益。项目还在进行期间，古方向中方表示希望在此项目结束后继续扩大合作规模。1997 年 5 月，国务院副总理李岚清率中国政府经贸代表团访问拉美的过程中，在哈瓦那同古巴稻米协会签署了《关于扩大合作生产 5000 公顷水稻项目的意向书》。1998 年 12 月 30 日，新天国际与古巴稻米协会正式签约，以双方各占 50% 股权的方式共同组建了中古第一家大型合资企业"古巴泰吉股份有限公司"，注册资本 2400 万美元，管理权归新天所有。此后，该公司共开发了土地面积为 8259.8 公顷的水稻科技示范农场，其中 5000 公顷位于古巴西部的比那尔德里奥省（Pinar del Río），其余则位于东部的格拉玛省（Granma），整个项目获得了由中国进出口银行贷出的 7982 万元中国政府援助古巴的项目优惠贷款。①

## 2. 墨西哥现代化农业综合开发项目

1996 年，新天国际公司领导随同外经贸部部长吴仪

---

① 新疆生产建设兵团年鉴编辑部：《新疆生产建设兵团年鉴 1999》，新疆人民出版社 1999 年版，第 153、252 页；新疆生产建设兵团史志编纂委员会：《新疆生产建设兵团年鉴 1998》，新疆人民出版社 1998 年版，第 217—218 页；新天国际官网（http://www.suntime-group.com.cn/）。

出访拉美七国，其间提出在墨西哥投资开发 15 万公顷土地建立现代农业综合开发基地的建议，后获认可。1997年 12 月，国家主席江泽民访问墨西哥时，该公司与墨西哥银行农业信贷基金会签署了《关于在墨西哥实施现代化农业综合开发项目协议书》，计划投资 2900 万美元于此项目。1998 年，新天公司在墨西哥设立了注册资金为 10 万美元的可变资本股份有限公司。同年 3 月 30 日，投入 270 万美元启动资金，在距墨西哥城 1000 公里的坎佩切州（Campeche）购置了法律手续完备、拥有永久所有权的土地 1005 公顷（15075 亩）作为农业综合开发基地。项目在土地购置后不久即开始运作，首期种植水稻 733.3 公顷，所产湿谷直接销售给当地稻米加工厂，当年获净利 15 万美元。1999 年，项目种植面积在原有基础上扩大了 200 公顷，除水稻以外，开始进行西瓜等经济作物和精品农业的小规模种植。①

同其他许多执行国家对外农业援助项目的企业一样，新天国际在墨西哥和古巴的种植项目后来未能一直完全

---

① 新疆生产建设兵团年鉴编辑部：《新疆生产建设兵团年鉴 1996》，新疆人民出版社 1998 年版，第 208 页；新疆生产建设兵团史志编纂委员会：《新疆生产建设兵团年鉴 1998》，第 216—220 页。

持续下来，这一方面与海外种植本身存在诸多困难和障碍有关，另一方面则与企业追求更高经济利益的投资选择有关。在古巴，新天国际的商业化转型始于 2000 年，当时它同古巴最大的国家旅游公司 Cubanacan 集团签订了共同在哈瓦那海明威游港岛区和上海浦东黄浦江畔建设两个五星级合资酒店的合作协议。① 随后十余年间，房地产和旅游业愈益成为新天国际在古巴投资的重点。农业综合开发项目在所受关注日益减少的同时，相关经营问题也日益凸显。据可靠消息，2013 年秋，新天国际已从古巴农业项目中完全撤出。在墨西哥，新天国际的业务重心在 2000 年以后也逐渐转向了农业以外的商贸流通等领域，先是依托种植项目将国内农机产品出口到墨西哥，后来则锁定墨西哥消费市场对中国各类商品的需求，不断扩大其商贸业务。2004 年，新天国际投资购买了位于墨西哥城市中心的楼盘，总建筑面积 8000 平方米，兴建了新天墨西哥商贸城，该公司旗下全资子公司上海新屹国际贸易有限公司负责相关贸易出口业务，商品涉及鞋类、玩具、食品、洁具、家具、服装、纺织品、电子

---

① 新疆生产建设兵团史志编纂委员会：《新疆生产建设兵团年鉴 1998》，第 258—259 页。

产品等。①

## 案例二：浙江福地在巴西的大豆种植项目

新天国际的上述两个农业开发项目，特别在墨西哥的项目，虽然涉及少量的土地交易，但由于项目本身属中国政府支持的对外援助项目，投入资金大多来自政府专项拨款和贴息优惠贷款，所购土地也主要是用于项目实施，所以在具体考察时，还是应当把它同近些年前往拉美通过投资土地实施海外种植的案例区别开来。就后者而言，虽然国内外媒体和相关信息平台（如 Land Matrix②）有许多报道和数据发布，但多不准确，仔细核对可以发现，真正可被归入此类的案例实际上数量很少。

现有资料显示，最早前往拉美国家从事较大规模土地投资的是一家在浙江嘉兴海宁市注册的民办企业——浙江福地农业有限公司（以下简称浙江福地）。该公司负责人朱张金长期从事皮革加工和制造业，最初于 1988 年在其家乡海宁市斜桥镇华丰村创立了村办企业华丰制

① 新疆生产建设兵团年鉴编辑部：《新疆生产建设兵团年鉴 1999》，第 252、153 页；刘铮铮：《新天海外农场十年》，《中欧商业评论》2008 年第 3 期。新天国际官网（http：//www. suntime-group. com. cn/）。

② http：//www. landmatrix. org/.

革厂，该厂于1995年转制为股份制公司（即卡森国际控股有限公司）后，村集体退出。据笔者2015年下半年在巴西调研期间对相关当事人的访谈，朱张金是在2006年跟随九三粮油工业集团有限公司（以下简称九三集团）、中纺集团公司（以下简称中纺集团①）等中国几个大型粮企在巴西进行农业考察时，萌生了在巴西投资土地的想法，并在考察期间及其后做了较深入的调查和咨询。同年，卡森集团旗下的浙江森桥实业集团有限公司、华丰村股份经济合作社和村委会联合组建了华丰村互助合作会。2007年12月，经浙江省对外贸易经济合作厅批准，在巴西设立了阳光农业有限责任公司。2008年2月，朱张金将卡森集团旗下的海宁白杨皮革有限公司经工商登记变更为浙江福地农业有限公司，该公司先后三次分别向巴西阳光农业有限责任公司投资900万、980万和2980万美元，取得后者74%的股份，在巴西购买了面积共计16800公顷的两处农场。一处是位于托坎廷斯州（Tocantins）的三位一体农场，另一处是位于南大河州（Rio Grande do Sul）的阳光农场。所购土地主要用于大

---

① 2016年7月，中纺集团已整体并入中粮成为中粮全资子公司。此前很长时间里，中纺一直为中国第三大粮油企业。

豆种植。① 2009 年年初，在同时兼任华丰村村支书朱张金的推动下，该村成立了"华丰粮油种植专业合作社"，鼓励农户自愿投资入股，去巴西从事农业开发，共吸引了732 户村民入股，投入资金共计 554.4 万元人民币。同年6 月，该合作社三位股东代表前往巴西种植大豆，据《海宁日报》的说法，"这是我国第一个赴南美洲开发农业的农民团队"②。另有报道称，黑龙江农垦总局也通过提供大型农机具、派出技术及管理人员等方式参与了此项目。③当然，种植大豆并非投资的最终目的。投资者的主要意图在于通过参与种植以及就地采购等方式，从产地直接获得原料，然后销往国内或直接从事食用油加工。④ 由于当时有国家相关政策的支持，浙江福地在巴西的项目据悉除获得银行融资外，还得到了一定的政府补贴。

---

① 海宁市史志编纂委员会主编：《海宁年鉴 2009》，方志出版社 2009 年版，第 130 页；《华丰农民赴巴西搞农业》，《海宁日报》2009 年 6 月 19 日，第 1 版。

② 《华丰农民赴巴西搞农业》，《海宁日报》2009 年 6 月 19 日，第 1 版。

③ 《黑龙江垦区"走出去"情况、启示及建议》，载国家发展改革委东北振兴司《振兴老工业基地工作简报》2010 年第 107 期。

④ 浙江福地曾于 2010 年收购了位于山东省日照市的山东新粮油脂有限公司，以巴西回运的大豆为原料，加工、生产并销售"新粮农"品牌大豆油及相关饲料产品。参见新粮油脂有限公司官网信息（http：//www. xin-liangyouzhi. com/pro. php？smid＝2）。

　　然而，可能由于投资兴趣转向或其他原因，2011 年浙江福地决定从巴西撤出，并将其在巴西的资产转让给了重庆粮食集团（以下简称重粮集团）当时的全资子公司重庆红蜻蜓油脂有限责任公司（以下简称红蜻蜓公司）。2011 年年底，浙江福地、朱张金与红蜻蜓公司签订股权转让书，确认被红蜻蜓公司以全资方式并入的浙江福地所拥有的巴西阳光农业股份有限公司的 74% 的股权转让给红蜻蜓公司所有。据此份文件称，浙江福地所拥有的巴西阳光农业股份有限公司的资产包括阳光农场四块土地和三位一体农场一块土地。①

### 案例三：重粮集团在巴西和阿根廷的农业投资

　　浙江福地系中国民营企业在拉美从事农业投资的一个较有代表性的案例，与之相比，作为地方国企的重庆粮食集团在拉美的投资虽同样涉及土地交易和海外种植，但整个案例要复杂很多。

　　重粮集团系重庆市政府出资、由全市 370 多家国有粮食企业于 2008 年通过资产重组整合而成的大型粮食

---

① 《重庆粮食集团有限责任公司审计报告》，大信审字〔2013〕第 12—00025 号，第 45 页。

企业，前身为 2004 年 10 月注册成立的国有独资公司重庆粮油（集团）有限责任公司。重粮集团据称目前是长江中上游地区最大的粮食产业化龙头企业，是重庆市政府调控地区粮油市场的主要载体，日常除从事粮油产品的购销与加工等业务外，还行使中央和地方粮油储备的功能。① 公司财务报告显示，自 2008 年挂牌以来，重粮集团经营状况一直不甚理想，综合毛利率为负值，主营业务持续亏损且幅度较大。就收入构成来看，除因承担粮油储备职能获得一定政府补贴外②，以油脂、稻谷、玉米、小麦为主的粮食购销业务是其主要收入来源，其中又以油脂一项为重，占比高达一半以上，相关业务主要包括以下两个方面，一是进口大豆、豆油和豆粕等产品的直接购销，二是将大豆加工成食用油后进行销售。集团内承担油脂板块业务的公司主要就是以上提到的红

---

① 参见重粮集团官网。URL = http：//www. cqgrain. com/aboutus/Show Article. asp？ ArticleID = 32。

② 来自政府的粮储专项补贴（包括储备粮油利息、保管费及轮换补贴等）是重粮集团最稳定的利润来源，2013 年以前年度补贴额合计达 3. 3 亿元以上。2013 年，根据重庆市政府发布的渝［2013］798 号文件，在此基础上追加 8. 1 亿元作为重粮集团进口大豆补贴款。《重庆粮食集团有限责任公司 2012 年 3 亿元公司债券 2014 年跟踪信用评级报告》，2014 年 6 月 27 日，第 8 页。

蜻蜓公司，该公司设立于 2009 年，系重粮旗下 45 个子公司中规模最大的一个，注册资本 3.03 亿元，投资额 14.79 亿元，目前重粮集团持股份额为 75.61%。[1]

鉴于油脂业务在整个集团收入中具有极其重要的地位，加之有地方政府的号召和推动，重粮集团自成立后便一直努力寻找向海外拓展的机会。据报道，在 2008 年至 2010 年两年多的时间里，重粮集团曾先后六次组团前往巴西考察。2010 年 4 月，重粮集团董事长胡君烈随中国代表团参加在巴西首都巴西利亚举行的金砖国家领导人第二次会议，并在此间正式宣布了重粮集团决定投资 57.5 亿元人民币，与巴西合作共建 20 万公顷优质大豆基地的计划，称首期将投入 22.03 亿元在巴伊亚州（Bahia）科伦蒂娜市（Correntina）建设 10.8 万公顷。[2] 然而，就在这一投资计划公布四个多月后，巴西引人注目地颁布了《外资限购限租土地令》（*Parecer no LA 01*），对其 1971 年 10 月 7 日通过的第 5.709 号法令进行了重新解释。根据新的规定，外国人、外国企业或外资控股

---

[1] 《重庆粮食集团有限责任公司 2015 年度财务报告》，2016 年 4 月 29 日，第 45—46 页。

[2] 《重庆粮食集团 57 亿建巴西大豆基地》，2010 年 4 月 21 日。http://www.cq.xinhuanet.com/business/2010—04/21/content_ 19579065.htm。

的巴西企业不得在巴西购买或租赁 50 莫都乐[①]（módulo）以上的土地，在一个城市所持有的土地不得超过该市面积的 25%，同一国籍的外国人不得拥有超过所在市面积10% 以上的土地。[②] 至于限令的出台是否直接针对重粮等中国大型国有企业在巴西的土地投资意向，真实情况不得而知。[③] 不过，巴方上述新政并没有像外界想象得那样，使重粮在巴西的投资计划彻底流产。据《重庆日报》报道，重粮集团后来在法律专家建议下，采取了与当地农场主合作的方式，收购其 48% 的不动产股权，同时按合同约定获得对方移交的 51% 经营权。[④] 另据巴方

---

① "莫都乐"是巴西土地买卖的面积单位，指没有确定用途的土地。根据土地的地理位置不同，1 个莫都乐相当于 5 公顷至 100 公顷不等。

② Fábio Augusto Santana Hage, Marcus Peixoto, José Eustáquio Ribeiro Vieira Filho, "Aquistição de Terras por Estrangeiros no Brasil：Uma Avaliação Jurídica e Econômica," Junho/2012, p. 31. URL = http：//www12. senado. gov. br/publicacoes/estudos-legislativos/tipos-de-estudos/textos-para-discussao/td-114- aquisi-cao- de-terras-por-estrangeiros-no-brasil-uma-avaliacao-juridica-e-economica.

③ 2014 年 1 月，笔者在与时任巴西驻华使馆公使衔参赞的达蒂亚娜·罗西多（Tatiana Rosito）女士的一次会谈中，曾问及上述限令出台的背景，对方称与重粮集团的投资计划并无关系，该法令此前酝酿已久，针对的是所有的外来土地投资者。不过，后来从与重粮集团内部人员及相关同行的谈话中也获知，当时重粮集团领导人对此项目的高调处理，在国内虽达到了预期的宣传效果并获得了一定的政府支持，但在被投资国巴西确实引发了不少负面反应。

④ 《在巴西建 300 万亩大豆基地 粮食集团为重庆百姓"油瓶子"加油》，《重庆日报》2012 年 9 月 21 日。

消息，巴伊亚州巴雷拉斯市（Barreiras）市长朱斯玛丽·奥利维拉（Jusmari Oliveira）对重粮集团的投资态度积极，在重粮集团明确表示将投入上亿资金在巴雷拉斯市建设食品工业园区的项目后，市政府决定直接赠送重粮集团园区用地 100 公顷。[①] 为确保持有这块土地，重粮需要加快投资建厂。不过，据笔者实地调研了解到，由于当年做出建厂的决定之前并没有进行充分调研，后来遇到许多操作上的困难，项目实际上停了下来。

根据重粮集团提供的相关数据资料，巴西大豆生产基地的项目总投资金额为 25.06 亿元人民币。截至 2015 年 3 月，境外子公司巴西格林天地农业有限责任公司经营的农场面积为 68618 公顷，已开垦 13637 公顷，播种大豆 6335 公顷[②]。总体看来，进展缓慢。另外，通过对前述巴西阳光农业股份有限公司多数股权的收购，重粮集团相应获得了后者在巴西拥有的五块土地资产。除了巴西之外，重粮集团在阿根廷也进行了土地投资。据非正式渠道了解到的

---

① "Barreiras/BA terá maior esmagadora de soja do Brasil"，02/06/ 11. URL = http：//agrolink. com. br/noticias/barreiras-ba-ter—225—maior-esma-gadora-de-soja-do-brasil_ 131153. html.

② 《重庆粮食集团有限责任公司主体与相关债项 2015 年度跟踪评级报告》，大公报 SD［2015］570 号，第 9 页。

信息，2011 年 12 月，重粮集团完成了对阿根廷圣地亚哥－德尔埃斯特罗（Santiago del Estero）省阿尔贝蒂（Alberdi）地区爱佳农场 13049 公顷的土地收购，其中可播种熟地约 2144 公顷，畜牧用地约 8831 公顷，森林保留地约 2074 公顷，收购总金额为 2962 万美元。值得一提的是，项目交割后两天，即 12 月 22 日，阿根廷国会正式通过克里斯蒂娜·费尔南德斯·德基什内尔（Cristina Fernandez de Kirchner）政府提交的限制外国人购买土地的法案。正式生效的法令（Ley 26.737）规定，外国机构和个人在阿根廷购买的耕地面积不得超过该国农地面积的 15%，来自同一国家的自然人和法人在阿根廷购买的农地不能超过允许外国人购买土地总量的 30%，每个外国自然人或法人在阿根廷拥有农地面积不得超过 1000 公顷，拥有大量水资源的土地不得出售给外国人，外国人在阿根廷购置土地将不再视为投资行为，等等。[①] 限购令虽未对重粮集团的投资造成直接影响，但爱佳农场交易前业已存在的土地纠纷，给项目后来的进展带来了种种困难，并造成了一定的

---

① Ley 26.737：Régimen de Protección al Dominio Nacional sobre la Propiedad，Posesión o Tenencia de las Tierras Rurales，Articulos 8o－11. URL = http：//www. mininterior. gov. ar/fronteras/pdf/ley－26737. pdf.

经济损失，比如 2012/2013 年度未能正常播种、2013/2014 年度只实现了部分播种，之前完成的勘界定桩被大量损坏，新垦熟地被牛羊践踏等。[①] 目前该项目主要由集团旗下境外子公司金希望农业股份公司负责经营管理，迄今投入金额已超过 3 亿元人民币。

据新近发布的相关报告，重粮集团后续计划对巴西、阿根廷等海外粮食种植基地实行封闭运行，继续投资概率较小。[②]

**案例四：中粮集团在拉美的直接和间接农业投资**

虽然同为大型粮食类国有企业，中粮集团有限公司（以下简称中粮集团）的海外投资在偏好上与重粮集团有着明显的差异。迄今为止，它在拉美的项目基本没有涉及大规模土地投资或大宗农产品的种植。过去几年间，外界一直对中粮将会以怎样"大手笔"的方式进入拉美多有猜测，随着 2014 年该集团相继完成了两宗大型国际收购后，线索逐渐变得清晰起来。中粮集团的案例很大程度上

---

① 农场主要播种作物为大豆、玉米和高粱。
② 《重庆粮食集团有限责任公司 2012 年公司债券 2016 年跟踪信用评级报告》，鹏信评［2016］跟踪第［892］号 01，2016 年 8 月 22 日。

可被看作前述以并购方式对相关国家间接进行农业投资的典型。中粮集团之所以倾向于这一路径，而非包括重粮集团在内的许多中国企业普遍采取的土地投资加海外种植的路径，与它自身的历史沿革、实力、规模以及在国家粮食安全战略中所扮演的角色等诸多因素有关。

中粮集团的历史可追溯至中华人民共和国成立前，其前身为1949年9月在天津成立的华北对外贸易公司，1950年该公司分设的各相关专业公司（华北粮食、华北油脂、华北蛋品、华北猪鬃、华北皮毛、华北土产等）改组为全国性贸易公司。1952年中国政府组建外贸专业公司，对上述贸易公司的业务进行了重组，而后又经多次调整合并，于1961年成立了中国粮油食品进出口公司，1965年、1998年、2004年曾数次更名，2007年改用现名。由此可见，中粮集团是从进出口贸易起家的，事实上目前也仍然是中国最大的粮油食品进出口公司，不难想象，其经营思路、发展理念等必然与专业类的粮油企业有所不同；再者，虽然外界对中粮集团近些年不懈宣传的"打造具有国际水准的全产业链粮油食品企业"的发展定位评价不一，但总体来看，作为国内最大的粮油流通市场化经营主体以及许多粮油产品（如油籽、小麦、食用油、葡萄酒等）最大的生产商或加工商，中粮的产品结构确实比较丰富，业务领域也更为多元，这也决定了它的海外投资不大可能仅仅聚焦于生产或购销等某个环节。另外，众所周知，参与国际并购往往需要有雄厚的资金实力或强大的融资能力，相较其他国内同行，由国务院国有资产监督管理委员会完全持股的中粮在这方面的优势是显而易见的。同时，中粮的背景和规模也决定了它在利用国际市场和全球资源执行国家粮食安全战略中扮演的独特角色。

在拉美，中粮集团以海外并购的方式展开农业投资大致开始于 2010 年。当年 9 月，为适应旗下长城葡萄酒业务的不断增长，中粮集团以 1800 万美元收购了智利彼斯克提（Bisquertt）家族位于该国中央山谷传统葡萄酒产区南部空加瓜谷（Valle deColchagua）的酒厂及周围 350 公顷的葡萄园，而后在当地设立了"圣安德烈葡萄酒有限公司"（Viña Santa Andrea Limitada）。① 接下来的几年，中粮集团在拉美并没有进一步的动作，直到 2014 年发起了两起大宗收购，才在一定程度上明确了该集团在拉美

① 《中粮收购智利酒庄》，2010 年 9 月 26 日。URL＝http：//www.cofco.com/cn/about/news/8515.html。

投资布局的总体取向。先是 2014 年 2 月 28 日，中粮集团联合由厚朴投资、淡马锡、国际金融公司以及渣打私募股权投资等组成的跨国投资团，收购了荷兰农产品及大宗商品贸易集团尼德拉（Nidera Handelscompagnie B. V.）51% 的股权，中粮集团与跨国投资团的投资比例为 60：40，由中粮控股。2014 年 4 月 2 日，中粮集团又同上述由厚朴投资牵头的投资团收购了香港农产品、能源产品、金属和矿产品全球供应链管理公司来宝集团（Noble Group）旗下来宝农业 51% 的股权，中粮仍为多数股东，占比三分之二，厚朴基金等财务投资人占比三分之一。① 借助尼德拉和来宝两大集团在拉美已有的平台，中粮以最直接而快速的方式将业务拓展到了该地区相关国家。

成立于荷兰鹿特丹的尼德拉公司在拉美的存在始于 1929 年。当时，该公司部分合伙人移居阿根廷，随后创立了尼德拉阿根廷公司。经过八十余年的发展，尼德拉在阿根廷、巴西、乌拉圭等国拥有了成熟的加工、仓储、物流网络。从业务范围看，尼德拉在拉美以大豆、小麦

---

① 《中粮控股尼德拉交易完成 双方启动战略合作》，2014 年 10 月 15 日。URL = http：//www.cofco.com/cn/about/news/23859.html；《中粮收购来宝农业 51% 股权组建农产品合资企业》，2014 年 4 月 2 日。URL = http：//www.cofco.com/cn/about/news/23583.html。

和玉米为主要经营品种，同时在种子、化肥及农药研发等方面有较大优势。其中，种子领域尤其值得一提。早在20世纪80年代，尼德拉便开始加大在种子研发领域的投资。1989年，尼德拉收购了大豆种子研发领域的领军企业阿斯格罗种子公司（Asgrow Seed）在阿根廷的子公司，2005年又将拜耳公司在巴西的玉米和大豆种子业务并入旗下。目前，其种子研发能力和种子业务在南美市场占据优势地位。在阿根廷一地，便有120名研发人员、3个加工设施，生产玉米、大豆、小麦、高粱和葵花籽等作物种子。[①]来宝农业设立于1988年，是来宝集团的农业业务平台，主要从事农产品的贸易、加工等，相关业务板块主要包括：采购、加工和分销玉米、小麦、大豆、植物油等谷物油籽产品；从事可可、棉花、咖啡、糖等商品贸易；生产原糖、加工糖、乙醇以及运营糖厂和种植甘蔗。据称，来宝农业系南美第五大大豆出口商、全球第六大食糖贸易商。[②]此前，中粮集团与来宝农业先

---

① 参看尼德拉阿根廷网站相关资料（http://www.nidera.com.ar/）；《中粮集团2014年企业社会责任报告》，第30—32页。URL = http://www.cofco.com/uploadfiles/cms/file/20152111042147155 60447.pdf。

② 《中粮收购来宝农业51%股权 组建农产品合资企业》，2014年4月2日。URL = http://www.cofco.com/cn/about/news/23583.html。

按 51∶49 的持股比例组成了合资公司"中粮来宝"。
2016 年 3 月，中粮集团旗下的中粮国际有限公司宣布，
业已收购中粮来宝剩余 49% 的股权并完成交割，中粮来
宝随之更名为"中粮农业"。① 至此，中粮集团通过完全
收购来宝农业间接取得了后者在拉美拥有的相关资产
（参见表 9）。2016 年 8 月 23 日，中粮国际有限公司又通
过对 Cygne 公司所持尼德拉农业剩余股权的收购，获得
了对尼德拉农业 100% 的控股权。②

表 9                     来宝农业在拉美的农业资产情况

| 巴西 | | |
|---|---|---|
| 所在地 | 资产 | 描述 |
| 马托格罗索州（Mato Grosso）新马林加（Nova Maringá）、索里苏（Sorriso）和坎波韦尔迪（Campo Verde） | 玉米和大豆仓库 | 三地仓库容量分别为 4.5 万吨、6 万吨和 10 万吨。 |
| 马托格罗索州龙多诺波利斯（Rondonópolis） | 油籽压榨设施 | 日压榨能力 4000 吨，可存储 24.6 万吨油籽，另有一个日产 600 吨的生物柴油设施。 |
| 马托格罗索州龙多诺波利斯 | NBC 化肥混合设施 | 可容纳 2000 吨混合化肥和 4000 吨原材料。 |

① 《中粮来宝农业正式更名为中粮农业》，2016 年 3 月 3 日。URL = http∶//www.cofco.com/cn/about/news/24632.html。
② 《中粮集团全资收购尼德拉农业》，2016 年 8 月 23 日。URL = http∶//www.cofco.com/cn/about/news/24987.html。

| 巴西 | | |
|---|---|---|
| 所在地 | 资产 | 描述 |
| 圣保罗州（São Paulo）沃图波兰加（Votuporanga） | 糖厂和乙醇生产设施 | 年压榨甘蔗能力为 500 万吨，同时还生产乙醇，并向电网出售 55 兆瓦电力。 |
| 圣保罗州梅里迪亚诺（Meridiano） | 糖厂和乙醇生产设施 | 年压榨甘蔗能力为 400 万吨，同时还生产乙醇，并向电网出售 55 兆瓦电力。 |
| 圣保罗州卡坦杜瓦（Catanduva） | 糖厂和乙醇生产设施 | 年压榨甘蔗能力为 460 万吨。拥有现代化的糖品精炼厂，可生产冰糖和精制白砂糖。 |
| 圣保罗州波蒂伦达巴（Potirendaba） | 糖厂和乙醇生产设施 | 年压榨甘蔗能力为 340 万吨。满负荷生产情况下，该糖厂和上述卡坦杜瓦糖厂的联合年产能约为 60 万吨糖（产品包括冰糖、精炼白砂糖和高等级原糖等），此外还生产 30 万立方米乙醇。 |
| 圣保罗州桑托斯港（Santos） | T12A 码头 | 主要用于大豆、糖、饲料等农产品出口，2010 年投入运营，占地面积 1 万平方米，年中转能力超过 300 万吨。 |
| 米纳斯吉拉斯州（Minas Gerais）阿尔费纳斯（Alfenas） | 咖啡加工及存储设施 | 系一套技术先进、完全自动化和智能化的咖啡豆预备设施，配备有由计算机控制的咖啡加工机械。总占地面积 15.7 万平方米。 |
| 巴伊亚州路易斯·爱德华多·马加良斯（Luís Eduardo Magalhães） | 棉花仓库 | 可存放 2.2 万吨棉花。 |
| 巴拉那州（Paraná）巴拉那瓜（Paranaguá） | NBC 化肥仓库 | 可存储 3000 吨化肥，所配备的货物装卸工具规模达 100 吨。 |
| 巴拉那州马林加（Maringá）、茹萨拉（Jussara）、雅普拉（Japurá） | 仓库 | 三地仓库容量分别为 5.5 万吨、3600 吨和 7000 吨。 |
| 阿根廷 | | |
| 圣菲省（Santa Fe）迪姆布埃斯港（Timbúes） | 粮食码头 | 来宝农业在南美洲规模最大的物流设施，价值 6500 万美元，占地面积 231 公顷，距离河道 2100 米，年中转能力 335 万吨。 |
| 圣菲省迪姆布埃斯港 | 油籽压榨厂 | 年加工大豆 270 万吨，产品主要为豆油和豆粕。 |

| 所在地 | 资产 | 描述 |
|---|---|---|
| 布宜诺斯艾利斯省（Buenos Aires）阿图查港（Atucha） | Delta 码头 | 1999 年起投入运营，占地面积 288 公顷，距巴拉那河 1400 米。 |
| 萨尔塔省（Salta） | 室内升降机 | 拥有 4500 吨粮食存储能力，并可扩容至 5 万吨。 |
| 巴拉圭 | | |
| 伊塔普阿省（Itapúa）恩卡纳西翁(Encarnación) | 驳船码头 | 5.5 万吨的驳船装载设施，大豆和玉米的日装载能力为 1 万吨。 |
| 阿耶斯总统省（Presidente Hayes） | 粮食仓库 | 5 个仓库合计容量为 10.2 万吨。 |
| 乌拉圭 | | |
| 科洛尼亚省（Colonia）新帕尔米拉（Nueva Palmira） | TGU 码头 | 可操作深度为 10 米，可容纳巴拿马极限型船。码头存储能力 6 万吨，日船只装载能力 1.7 万吨，日驳船卸载能力 1 万吨。 |

数据来源：中粮农业官网（http：//www. cofcoagri. com/）；驻里约热内卢总领馆经商室：《中粮集团开拓巴西市场初见成效》，2015 年 7 月 4 日（http：//riodejaneiro. mof-com. gov. cn/article/jmxw/201507/20150701033975. shtml）。

　　有关中资企业在拉美的农业投资，除以上案例外，还有一些值得关注。比如，国家开发投资公司的全资企业中国成套设备进出口（集团）总公司（以下简称中成集团）在牙买加的糖业投资。2011 年 8 月，中成集团以 900 万美元向牙买加政府收购了总面积约 57 公顷的弗洛姆（Frome）、莫尼马斯克（Monymusk）、伯纳德·洛奇（Bernard Lodge）等三家国有糖厂的土地及资产（包括用于种植、收割、运输、加工及生产甘蔗以及生产和制造糖、糖蜜、朗姆酒及发电的所有设备及动产）。中成集团承诺在此后三年间继续投入 1.268 亿美元作为以上三家糖厂的恢复及营运资金。交割当日，中成集团还透过项目公司以每公顷 35 美元的年租价格租赁了约 32572 公顷的土地用于甘蔗、木薯种植或任何其他甘蔗相关业务（如糖、糖蜜、乙醇以及甘蔗及相关农作物的热电联产），自 2011 年 8 月 15 日开始，租期 50 年，到期后可再延期 25 年。[①] 目前在牙买加负责管理上述资产的是中成集团的海外公司泛加勒比糖业公司（Pan Caribbean Sugar Company Limited, PCS），该公司据称已成为牙买加最大的制糖企业。再如，民营企业上海鹏欣（集团）有限公司在玻利维亚的土地投资。2010 年，该公司曾投资 2720 万美元收购了玻利维亚国有企业"诺瓦格罗农业股份有限公司"（Empresa Agropecuaria Novagro S. A.），获得了该公司位于玻利维亚圣克鲁斯（Santa Cruz）省北部圣佩德罗（San Pedro）一处面积为 12488 公顷的农场。除却林地所占面积，农场可直接耕种土地为 8500 公顷，

---

① http://www.irasia.com/listco/hk/hualien/circulars/c101493 - cw_00969cir_20121211.pdf.

主要种植作物为大豆、玉米、高粱等，产量约 4.5 万吨。[①] 此外，还有近年引人注目的联想佳沃公司在智利的水果种植项目。佳沃公司系中国最大的水果全产业链企业、联想控股的农业板块公司。目前，该公司在智利阿劳卡尼亚（Araucanía）、马乌莱（Maule）、科金博（Coquimbo）、瓦尔帕莱索（Valparaíso）、比奥比奥（Bío Bío）等几个大区拥有四个控股农场和一个参股农场，投资水果种植，种植面积约 370 公顷，主要生产蓝莓、猕猴桃、樱桃、鲜食葡萄和柑橘等高品质水果，每年向国内出口量达数千吨。[②]

另外，远洋捕捞目前报道虽少，但渔业企业实为中国农业领域最早"走出去"的一类企业。在拉美，一些中国企业在当地从事远洋捕捞已有二十多年的历史。以阿根廷为例，目前在该国有投资业务的上海远洋渔业有限公司、浙江大洋世家有限公司等大致都是 20 世纪 90 年代前往阿根廷开始从事海外作业的。1993 年，由上海市国资委全资控股的上海远洋渔业在阿根廷注册设立了

---

①　http：//www. peng-xin. com. cn/nongye/chanye101102102. shtml.

②　参看佳沃官网（http：//www. joyvio. com/）；《驻智利大使杨万明参观联想佳沃集团农业项目》，2013 年 12 月 14 日。URL = http：//www. fmprc. gov. cn/ce/cechile/chn/sgxw/t1105387. htm。

"阿根廷强华渔业公司",专业从事渔业捕捞生产、水产品冷藏、加工、运输、销售等业务。该公司位于阿根廷布宜诺斯艾利斯省马德普拉塔市(Mar del Plata),现有四艘大型鱿钓船及一座加工厂。加工厂占地面积1691平方米,备有总吨位为900吨的大小冷库五个,另有100吨冰库一个。全年鱿鱼捕捞量在1万吨以上。另外还有四艘渔轮在阿根廷海域从事拖网作业。[1] 民营股份制企业、由万向集团投资控股的浙江大洋世家有限公司在阿根廷也从事了较长时期的捕捞作业。目前该公司投资有鱿钓船、超低温金枪鱼延绳钓船以及围网船等几类船只。其中,鱿钓船除一条在公海作业外,其余六条均在阿根廷。超低温金枪鱼延绳钓船和围网船都在公海捕捞。在阿根廷作业的船通常需要雇用较高比例的阿根廷船员,并挂靠当地的企业,受其管理。大洋世家各船队在阿根廷所捕捞的鱼几乎全部运回中国,在国内加工后的产品80%左右出口,其余在中国市场销售。[2]

　　篇幅所限,其他如黑龙江北大荒农垦集团、山东冠

---

[1]　参看上海水产(集团)总公司官网相关资料(http: //www. sf-gc. com. cn/)。

[2]　宋洪远、张红奎等编著:《中国企业对外农业投资战略研究》,第123—128页。

丰种业科技有限公司、河北三河汇福粮油集团有限公司、河北廊坊圣隆生物科技有限公司、安徽丰原集团、安徽富煌三珍食品集团有限公司、安徽江淮园艺集团、北京大北农集团、广西农垦对外经济技术合作有限公司、中工国际工程股份有限公司、四川亭江新材料股份有限公司等企业分别在巴西、阿根廷、智利、哥斯达黎加、委内瑞拉、秘鲁等国开展的农业投资合作项目，此处不一一详述。

# 第四章 中拉在农业科技领域的合作

自 2012 年农业合作作为中拉整体合作的议题之一被提出来后，如何较有规划地推进中国与拉美国家在农业技术方面的交流与合作开始受到越来越多的重视。科技合作对于加强中拉农业领域的交流、共同应对粮食安全面临的挑战以及推进双边关系向更具有可持续性的方向发展，无疑具有重要而深远的意义。不过，目前就中国方面来看，尚未形成一个目标清晰的、具有战略指导意义的政策框架。现实操作中，近些年来中拉农业科技合作主要通过以下方式具体展开，比如，建立农业科技示范园区，联合建设农业科技研发中心或重点实验室，种质资源收集与引进、交换，举办国际或区域科技研讨会以及专家互访和人员培训等。以下选取个别重点项目加以介绍。

## 第一节　智中示范农场项目

智中示范农场系智利和中国两国政府推动的农业合作项目。最早提出此动议的是智利果农协会（Federación de Productores de Frutas de Chile，FEDEFRUTA）时任会长路易斯·施密特（Luis Schmidt Montes）。在该协会的不懈推动下，1999 年 2 月 26 日，中智两国农业部长代表各自政府在智利首都圣地亚哥签署了《智利政府与中华人民共和国政府关于在中国建设并经营一个智利果园的协议》。根据协议，智利将提供来自水果产区的优质种苗（包括 1000 株李子苗、3500 株油桃苗、3500 株桃树苗、6000 株无籽葡萄苗）以及滴灌设备和种植管理与技术人员，中方将主要负责提供土地、人力、住房、所需机械与工具以及配备必要翻译人员等。[①] 智中示范农场选址于

① "Convenio entre el Gobierno de Chile y el Gobierno de la Republica Popular China para el Establemiento y Operacion en Territorio Chino de Una Granja Fruticola Chilena", El 26 de Febrero de 1999. URL = http：//www. odepa. cl/wp-content/uploads/2014/06/CHINAfeb. 1999. pdf.

天津北部的蓟县官庄镇，于 2002 年正式运行。智方按照协议约定从其国内引进了李子、桃、杏、樱桃、油桃、葡萄等果树品种，并配置了滴灌设施，智利果农协会负责具体的管理和技术指导。2004 年 4 月 23 日，两方政府代表又就此项目在圣地亚哥签署了第二阶段合作的谅解备忘录，强调"在双方认为必要的情况下，可以并应当努力吸引其他政府机构、学界和私人企业参与其中"①。这一变化便为农场随后的功能转型做了铺垫。2006 年，民营化工企业天津凯威投资集团参与进来，并在随后四至五年间投资数亿元在农场内建设了"南美风情园"项目，遂将农场由最初智利农业技术展示、交流、转让的平台，变为集农业观光、旅游、度假于一身的场所。2010 年上海世博会闭幕后，此时已出任智利驻华大使的路易斯·施密特有意将面临拆除的智利展馆迁至智中示范园区内，遂将其赠与凯威公司，后由该公司投资将展馆整体由上海运至天津，并用了一年多时间原样重建。度假村和酒店的建设，加之世博展馆的迁入，如今示范

---

① "Memorándum de Entendimiento de Cooperación para la Segunda Etapa de la Granja Demostrativa ChilenoChina", el 23 de Abril de 2004, URL = http：//www. odepa. cl/wp-content/uploads/2014/06/CHINAabril 2004. pdf.

园的种植面积已缩减至 10 公顷左右，不及最初的一半。
与此同时，智方在种质资源引进方面也有所调整，比较
注重结合市场因素，引入和推介目前已大量出口至中国
市场的一些反季节水果品种，目的在于使示范园在展示
产品互补性、推动智利特色水果对华出口方面继续发挥
特殊作用。[①] 2012 年 6 月 26 日，中国总理温家宝访问智
利期间，中智两国农业部部长签署了关于提升农业合作
水平的五年规划（2013—2017 年），其中明确双方将在
现有基础上加深合作继续发展具有多功能特征的智利在
华示范园项目，将在种质引进的同时，推进相关农业生
物技术的转移。[②] 双方此次还新签了关于中国在智利建立
示范农场的框架协议，原则性条款与智中示范园项目大

---

①　当年智利果农协会提出在华建设果树示范园的建议，如今看来是很
有远见的，事实上这一项目对后来中智自贸协定的签署以及推进智利水果
大量出口中国市场发挥了特殊的作用。具体可参看智利果农协会杂志对路
易斯·施密特的采访。"Entrevista con el embajador de Chile en China y presi-
dente de Fedefruta entre el '97 y 2006：El Papel de la Granja Demostrativa en la
Apertura Comercial de China：¿Qué ha hecho y en qué se encuentra ahora?" *Re-
vista Fedefruta*，Octubre 2013，No. 137，págs. 6 – 9。

②　可参看西文版议协全文："Programa sobre el Mejoramiento de la
Cooperación Agrícola entre el Ministerio de Agricultura de la República Popular
China y el Ministerio de Agricultura de la República de Chile（para los añs 2013'
2017）"，pág. 3.  URL ＝ http：//www. odepa. cl/wp-content/uploads/2014/06/
CHINAjunio20122. pdf。

体类似。① 不过，据称该园区落成后重点将会主要放在推动科研和人员培训等方面。

## 第二节　中委剑麻种植加工项目

剑麻是一种在热带、亚热带地区栽培的重要天然硬质纤维作物，其质地坚韧、富有弹性、耐摩擦、耐酸碱、防腐蚀等性能为合成纤维难以替代，通常主要用作工业原料，用途多样，从传统的绳索、纱线到高级纸张、特殊用布、光缆芯内材料、电子工业的绝缘层等。近些年，由于剑麻纤维具有不污染环境、不易产生静电等优点，也被越来越多地用于制造生活和环保用品。剑麻被抽取纤维后剩下的麻汁和麻渣也有不少用途，比如从麻汁中可提取蛋白酶和药用物质，麻渣多被用做饲料或肥料等。② 目前，全世界剑麻种植主要分布在美洲和非洲，以

---

① 详见 "Acuerdo Marco sobre el Establecimiento de la Granja Demostrativa China en Chile entre el Ministerio de Agricultura de la República Popular China y el Ministerio de Agricultura de la República de Chile" URL = http：// www. odepa. cl/wp-content/uploads/2014/06/CHINAjunio20121. pdf。

② 黄静：《世界剑麻生产现状及未来展望》，《中国热带农业》2008年第5期，第25—27页。

2013 年的数据来看，这两洲在世界总产量的占比分别为
63% 和 31%，其余则多分布在亚洲。其中，产量最高的
前五个国家为巴西、坦桑尼亚、肯尼亚、马达加斯加和
中国。就单位面积产量来看，中国仍位居世界第一
（2013 年每公顷产量为 4714.3 公斤），是巴西的 4—5 倍
（图 39）。委内瑞拉是世界上种植剑麻较早的国家之一，
其生态条件很适合剑麻的生长和栽培。20 世纪 70 年代，
该国的剑麻生产曾经颇具规模，位于西北部的剑麻主产
区拉腊（Lara）州的种植面积一度达到 1.4 万公顷。不
过，后来由于化纤产品出现，天然纤维的价格大跌，委
内瑞拉的剑麻生产亦在此背景下滑入低谷。[1]

　　2001 年 4 月，中国国家主席江泽民访问委内瑞拉期
间，两国元首达成开展中委农业合作的协议。2001 年 7
月，中国农业代表团前往委内瑞拉考察，与委方初步确
定了五个合作项目，其中之一的中委剑麻种植加工示范

---

　　[1] Daunarima Renaud, etc., "Diagnostico de Las Zonas Productiores de
Sisal Híbredo 11.648, en el Municipio Urdaneta del Estado Lara y su Relación con
Problemas Nutricionales y Fitosanitarios", XX Congreso Venezolano de la Ciencia
del Suelo, San Juan de Los Morros, 25 al 29 de noviembre de 2013. URL = ht-
tp: //www.sian.inia.gob.ve/repositorio/congresos/20 _ CVCS/PDF/UMS/UMS
21.pdf.

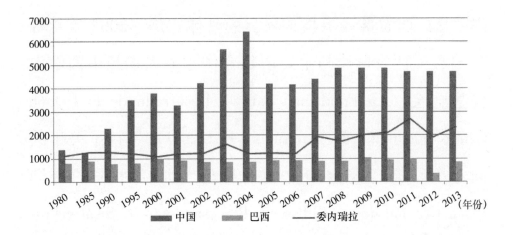

图 39　中国、巴西以及委内瑞拉相关年份剑麻单产情况（单位：公斤/公顷）

数据来源：联合国粮农组织统计数据库（FAOSTAT）。

项目，便是旨在利用中方在剑麻种植技术上的优势帮助
委内瑞拉改进技术、提高单产。中国剑麻的高产归功于
当家品种 H·11648，该品种原产热带草原气候的坦桑尼
亚，由坦噶尼喀剑麻研究站培育而成，1965 年由广西热
带作物研究所南宁试验站首次引种后，其耐寒、产量高、
纤维质优等特性很快表现出来。[1]　根据中委两国的技术合
作协议，中委剑麻种植加工示范项目的核心内容之一，
即是从中国引进 H·11648，在拉腊州示范种植，以广西
业已成熟的丰产栽培技术指导培训当地麻农。中国农业

　　① 　韦庆龙、谭明玮：《广西剑麻 H·11648 号高产栽培技术探索》，
《农业研究与应用》2012 年第 6 期，第 62—63 页。

部委托广西农垦局承担该项目的具体实施。2002 年 4 月
26 日，广西农垦局与主要项目合作方委内瑞拉中西部发
展基金会（La Fundación para el Desarrollo de la Región
Centro Occidental de Venezuela，FUDECO）签订了关于共
同合作以提高委内瑞拉剑麻种植与加工水平的合同
（Reactivación de los Cultivos y Procesamiento de Sisal y Fru-
tales entre Fudecodela República Bolivariana de Venezuela y
Guangxi Sisal Group Company Ltd. de la República Popular
China，No 1/2002）。根据合作双方规划，项目一期将在
委内瑞拉拉腊州首府巴基希梅托（Barquisimeto）市郊
150 公顷土地内建成一个集剑麻种植加工和科研于一体
的综合示范基地。其中，种植面积 100 公顷，加工和建
设面积 50 公顷，年加工高档剑麻制品 2000 吨。预计总
投资 380 万美元。① 广西农垦局为此项目成立了广西农垦
集团海思达经济技术合作有限公司（La Compañía de
Cooperación Económica y Tecnológica High Star S. A. del
Grupo de Granjas Estatales de Guanxy），作为投资主体。
2005 年 10 月 18 日，中委双方在拉腊州注册成立合资公

---

① 《广西农垦在南美洲投资剑麻项目的经验》，载《中国海外投资年
度报告 2005—2006》，社会科学文献出版社 2006 年版。

司"中委奔奇农业股份有限公司"（La Empresa Agrícola Venchi, S. A.）[①]，中方持股60%，委方为40%。自2004年起，委内瑞拉将中委剑麻项目列入了国家发展计划，拨专款扶持农民发展剑麻。中国农业部也在项目实施中给予资金支持，包括在华为委方举办剑麻种植加工技术培训班等。项目开启后进展顺利，2005年前后，1000万株剑麻种苗从广西运抵委内瑞拉并全部种植完毕。其后项目的实施，总体上看，在良种引进、技术转移、示范种植等方面，基本符合预期，社会经济效益也较明显。据《广西农垦报》2015年5月的一篇报道称，整个项目期间，广西农垦除完成了100公顷剑麻种植示范园建设外，还在拉腊州各地推广种植400多公顷，惠及麻农300多户。[②] 委方对项目的另一个期待，即在拉腊州合作建设几个剑麻制品加工厂，因种种原因未能完全实现。2008年，中委奔奇农业股份有限公司持股者之一委内瑞拉农业公司（La Corporación Venezolana Agraria, CVA）以193万美元购买了公司多数股份，将其所持份额提高至

---

[①] 此处的"奔奇"为"委中"西班牙语缩写组合的音译。

[②] 《花开在路上——广西农垦纵深推进"走出去"发展战略纪实》，《广西农垦报》2015年5月12日。

70%，成为控股方，广西农垦集团海思达经济技术合作有限公司所持股份由此前的60%降至10%（合人民币264.85万元，按当时比价计约39万美元），其余的20%由拉腊州发展基金（El Fondo para el Desarrollo del Estado Lara）持有。2008年年底，委内瑞拉政府对委内瑞拉农业公司进行资产清算，该公司旗下包括中委奔奇农业股份有限公司在内的所有资产后被2010年新成立的国有公司委内瑞拉食品公司（La Corporación Venezolana de Alimentos，CVAL）接管。① 据称，广西农垦目前已从委内瑞拉撤回了项目工作组。

## 第三节　中巴农业科技联合实验室

2009年5月，巴西时任总统卢拉访问中国，其间与中国领导人共同签署了《中华人民共和国和巴西联邦共和国关于进一步加强中巴战略伙伴关系的联合公报》

---

① Gaceta Oficial de Lapública Bolivariana de Venezuela, Número 39.376, lunes 1 de Marzo de 2010；Gaceta Oficial de Lapublica Bolivariana de Venezuel, Número 39.412, miércoles 28 del abril de 2010；Emilia Días-Struck, "Auge y (extraña) caída de la CVA", el 30 de Augusto de 2010. URL = http：//www. armando. info/sitio/index. php? id = 17&tx_ ttnews% 5Btt_ news% 5D = 46&cHash = 5b42419bae2bdbd973fb5f8d880a4f80.

（以下简称《公报》）。《公报》中明确了中巴农业科技合作将被置于双边科技与创新合作的优先位置，并透露了中巴两国农业科研机构将合作设立虚拟联合实验室的信息。[①] 2010 年 6 月和 2011 年 4 月，巴西合作方巴西农牧业研究公司[②]（Empresa Brasileira de Pesquisa Agropecuária，EMBRAPA）先后同中国农业科学院以及中国科学院、中国热带农业科学院等三个参建单位就相关事宜签署了三份谅解备忘录。2011 年 4 月 13 日，时值巴西总统罗塞夫访华之际，设在中方的"中国—巴西农业科学联合实验室"（Labex China）在中国农业科学院举行了揭牌仪式。根据各方达成的共识，借助联合这一特殊平台，中巴将发挥各自优势，在种质资源与遗传育种、生物质与生物能源、食品技术、畜牧兽医、农业生态等

---

① 《中华人民共和国和巴西联邦共和国关于进一步加强中巴战略伙伴关系的联合公报》，2009 年 5 月 19 日，北京。URL = http：//www. fmprc. gov. cn/mfa_ chn/ziliao_ 611306/1179_ 611310/t563483. shtml。

② 巴西农牧业研究公司（又译巴西农牧研究院、巴西农业科学院等），成立于 1973 年，是一个附属于巴西农业部、半自治性的公共机构，主要致力于农业的基础和应用研究。经过 40 多年的发展，巴西农牧业研究公司已成为全球著名的热带农业研究机构，其研究内容包括生物技术、纳米技术和基因研究等。目前，巴西农业研究公司在巴西境内共设有 39 个研究中心，包括土壤、环境、信息、生物医药等 10 个国家专题研究中心和大豆、牲畜、林木产品、大米等 15 个国家级产品中心及 14 个生态区域研究中心。

领域展开合作。2012 年 8 月，设在巴西农牧业研究公司的联合实验室也正式运行。

在国境以外设立农业联合实验室，这对中国来说是首次。不过，对于巴西合作方来说，这已是它在全球设立的第四个联合实验室。在此之前，巴西农牧业研究公司已分别于 1998 年同美国、2002 年同欧洲、2009 年同韩国互设了虚拟联合实验室；在此之后，它与日本筹建的虚拟联合实验室也于 2013 年正式启动。① 如前所述，虚拟联合实验室的功能主要是提供一个双方之间技术与人员交流与合作的平台。据巴西农牧业研究公司称，目前它在中国农业科学院的工作主要侧重于植物遗传资源的交换、鉴定和评估，以推进双方在基因改良、生物育种等项目上展开合作。② 相较之下，中方对合作的领域似乎预设得更为宽泛。2014 年年初，巴西农牧业研究公司为此项目派驻中国的代表达马莱斯·蒙特（Damares de Castro Monte）博士在与笔者的交谈中表示，中巴之间存在广阔的技术合作空间，但要将潜力变成现实，需集中于优势领域。巴西农牧业研究公司在农业生物技术方面

① http：//embrapa-labex-usa. com/index. php/lbx-history.

② https：//www. embrapa. br/en/labex-china.

存有优势，很愿意在此方面与中方展开合作，但目前看来，有些技术转移可能较快实现，有些存在现实的转移潜力，而有些则短期内不太可能被中方视为优先选项（如生物质能源技术）。由于该联合实验室运行时间还相对较短，许多合作意向尚处于待实施状态，同时相关进展信息较难获取，本书在此不再做进一步阐述。

除了以上提到的这几个较有代表性的案例外，中拉在农业科技领域还有不少其他的合作项目，特别在以农业示范园区或农业科技研发中心为主要形式展开的合作方面，近些年较密集地出现了一些规划和动向。比如，2014 年 7 月国家主席习近平访问古巴期间正式启动的古中农业示范园区（Granja Demostrativa Agropecuaria Cuba-China）建设项目。依据中国农业部发布的消息，以 2012 年两国农业部签署的《中国—古巴农业合作规划》为指导，该项目大致涵盖以下几个方面的内容：在位于古巴阿尔特米萨（Artemisa）省的罗斯纳兰霍斯遗传公司（La Empresa Genética Los Naranjos）建立核心区，开展饲料作物种植示范、饲料配方改良、肉奶牛养殖和牛肉牛奶加工技术改进等合作；在古巴农业部草料和饲料研究所（El Instituto de Pastos y Forraje del Minag）和云南省热带作物研究所建立科技合作中心，开展辣木①种植和饲料改良研究合作；在古巴蚕桑项目组（El Proyecto Nacional de Sericultura de Cuba）和中国农业科学院蚕业研究所科技合作中心开展桑树种植、蚕养殖和产品生产开发合作；在相关项目点设立水稻、芸豆、玉米等作物的高产示范园。同时，中方承诺项目运行期间负责提供用于示范的部分生产资料和装备，派遣专家50人次，邀请古巴100名农业官员和专家前来中国研修和开展合作研究等。② 目前，项目规划中涉及的辣木科技合作中心、蚕桑科技合作中心均已在中、古两国挂牌成立。其中，中古辣木科技合作中心设在云南省热带作物研究所，中古蚕桑科技合作中心则已落户于江苏科技大学。

据悉，中国农业部正在与巴西、阿根廷、智利、哥斯达黎加、秘鲁、特立尼达和多巴哥、苏里南、委内瑞拉、厄瓜多尔等国进一步商谈建设农业示范园区或农业

---

① 辣木（Moringa），起源于印度和非洲的干旱或半干旱地区，为一种多功能的乔木品种，全株均可被利用，树根和树皮是传统医药原料，叶片、嫩荚、嫩芽、花朵、嫩茎等可作蔬菜食用，种子富含植物油分，提取后的辣木油可作功能食用油。

② 《古中农业示范园区建设正式启动》，《农民日报》2014年7月25日。

科技研发中心等事宜。未来将重点建设与完善的项目，除以上业已提到的智中示范农场、中巴农业联合实验室、古中农业示范园区外，还包括中国—特立尼达和多巴哥农业创新园、中国—苏里南农业技术示范中心、中国—哥斯达黎加农业技术示范中心、中国—秘鲁农业科技研发中心、中国—厄瓜多尔农业科技研发中心等。截至目前，拉美国家来华从事相关农业技术投资合作的企业总体不多。阿根廷生源霸科公司（Biogénesis Bagó S. A.）同上海海利生物技术股份有限公司合资在陕西设立的口蹄疫疫苗生产基地项目、古巴国有生物制药与化学品生产集团朗伯姆公司（LABIOFAM, S. A.）在华投资合作建立的农药生产企业，是近期值得关注的两例。

# 第五章　核心问题与尝试性建议

以上本书就贸易、投资、科技合作等目前中拉农业关系中几个较为重要的领域做了基本的阐释。中拉农业合作过去十几年间所取得的快速发展及业已展现出的巨大潜力是不容置疑的，但与此同时，其中存在的一些问题也是清晰可见的。合作方能催生共赢，共赢方能带来协调发展。无论是明确问题还是尝试求解，笔者以为，都应当尽量摆脱"以我为主"的惯性思维，将彼此关切置于同等重要的位置。本着这一思路，最后将分别从各领域中选取相关核心议题加以分析，并试着提出某些初步的建议。

## 第一节　"超越"以大豆为主导的贸易格局

中拉农产品贸易领域存在的问题，与中拉整体贸易中存在的问题有类似亦有不同。这里拟重点探讨的一个核心问题是：为何以及如何改变当前以大豆为主导的贸易格局。

如前所述，目前中拉农产品贸易最突出的问题就是贸易产品的集中程度非常之高。虽然近年相关国家除大豆之外的农产品对华出口有所增长，但在总量和总值上占比还相对有限。大豆仍然是中拉农产品贸易中的绝对"主角"。当然，如果就贸易的基本逻辑来看，此乃供需关系的自然组合，或不必被视为"问题"。不过，目前一些迹象表明，这种以大豆为主导的贸易关系事实上不仅是不可持续的，而且可能产生一系列贸易以外的连带议题。这里想要强调的一个观点是：在中拉农产品贸易方面，我们不必过分追求所谓"超越互补"①，因为国际贸易本身有赖

---

①　"超越互补"，是罗塞夫 2011 年就任巴西总统后提出的一个概念。2011 年 4 月，她在首次对华访问时，正式对中方提出这一倡议，意在强调中方应进口巴方更多"高附加值"的产品以平衡双边贸易结构。

于互补关系的存在，但中拉双方的确应认真思考如何"超越大豆"的问题。至于原因，除了那些耳熟能详的关于附加值问题的讨论外，这里主要想提请注意以下两个关切：一个是来自于大豆主产国对环境影响的关切，一个是来自于中国消费者对进口大豆转基因特性的关切。

我们知道，自 20 世纪 90 年代以来，很大程度上由于中国对进口大豆的需求逐年上升，国际市场上大豆的价格行情持续向好，在此背景下，拉美相关国家的大豆种植面积亦不断扩大。根据联合国粮农组织提供的数据，2013 年，巴西、阿根廷、巴拉圭、玻利维亚和乌拉圭等几个拉美大豆生产国的大豆种植面积分别相较十年前增长了 162.4%、279.6%、385%、479.3% 和 1190%（图40）。近年来，关于"大豆扩张"对生产国造成的环境影响等问题引发了越来越多的关注。相关讨论在巴西尤为集中。有研究指出，巴西大豆种植面积的扩大与该国"合法亚马孙"（Amazônia Legal）地区森林退化之间呈现出明显的正向相关关系。[①] 这里的"合法亚马孙"，系指

---

① 参看如：Philip Fearnside, Adriano Figueiredo, and Sandra Bonjour, "Amazonian Forest Loss and the Long Reach of China's Influence", *Environment, Development & Sustainability*, Vol. 15, Issue 2, April 2013, pp. 325 – 338。

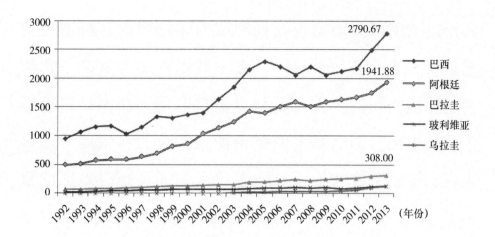

图40　1992—2013年拉美几个大豆生产国的大豆种植面积
变化趋势（单位：万公顷）

数据来源：联合国粮农组织统计数据库（FAOSTAT）。

1953年巴西政府为规划亚马孙地区的社会经济发展所划定的一个社会地理区域，涵盖了阿克雷、阿马帕、亚马孙、帕拉、朗多尼亚、罗赖马、托坎廷斯等北部七个州以及中西部马托格罗索州和东北部马拉尼昂州的大部分地区，整个区域面积逾500万平方公里（相当于巴西国土面积的近60%），从生物群区上不仅包括了巴西境内的亚马孙雨林地带，还覆盖了部分稀树草原（Cerrado）和低地沼泽（Pantanal）区域。根据巴西国家空间研究院（Instituto Nacional de Pesquisas Espaciais，INPE）提供的数据，在"合法亚马孙"范围内的大豆主产区马托格罗索州以及南部开始出现大豆种植的帕拉州的森林退化情况确实相当严重（图41）。在一些巴西学者看来，既然大豆种植面积的扩大主要是受出口驱动，而出口目的地主要是中国，那么基本的结论便可简化为：中国对巴西大豆的需求一定程度上导致了"合法亚马孙"地区的森林退化。[①] 当然，这一结论未必经得起推敲。关于大豆生产范围的扩大对亚马孙地区的生态环境是否造成了实质

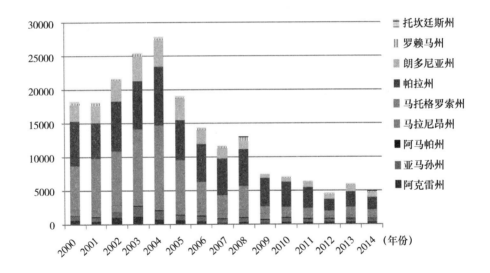

图41　2005—2014年巴西"合法亚马孙"地区森林退化情况（单位：平方公里/年）

数据来源：巴西国家空间研究院数据库。

---

① Philip M. Fearnside and Adriano M. R. Figueiredo, "China's Influence on Deforestation in Brazilian Amazonia: A Growing Force in the State of Mato Grosso", Boston University Global Economic Governance Initiative Discussion Paper 2015－3, p. 35. URL = http://www. bu. edu/pardeeschool/files/2014/12/Brazil1. pdf.

威胁，目前也还存有诸多争议。① 然而，此种与中拉大豆贸易相连的环境关切应被给予足够重视，对相关环境影响也当加以跟踪研究。

再来看转基因话题。事实上，国内消费者对于转基因食品安全议题的关切并不是新近才出现的，只是最近两三年，由于种种原因，形成了一波波公开而密集的讨论。诚然，转基因作为一种现代生物技术，不能说是天使，但也谈不上恶魔。食用使用转基因生物生产的食品是否绝对安全？对此，负责任的机构和个人通常不会直接给出"是"或"否"这样简单的答案。世界卫生组织的资料对这一问题的回答是：对于转基因食品及其安全性的评估必须逐个案例去分析，"不可能就转基因食品的安全性发表总体声明"；目前在国际市场上流通的转基因食品已通过安全性评估，"可能不会对人类健康产生危险"。② 在中国农业博物馆印发的《社区居民科普手册》中，笔者读到了同样谨慎的答案："转基因食品引入了外源基因或修饰因源

---

① 参看如：J. Christopher Brown, Matthew Koeppe, Benjamin Coles and Kevin P. Price, "Soybean Production and Conversion of Tropical Forest in the Brazilian Amazon: The Case of Vilhena, Rondônia", *Ambio*, Vol. 34, No. 6, August 2005, pp. 462 – 469。

② http://www.who.int/foodsafety/areas_ work/food-technology/faq-genetically-modified-food/zh/.

基因，打破了物种间的界限，可能对上万年才形成的生态平衡造成意想不到的作用"，"尽管迄今尚未发现转基因食品对人体造成危害的实例，但也不能证明转基因食品完全无害"。既然如此，那么对转基因食品无论采取何种态度，至少一半都是站得住脚的。

就国际社会而言，不同国家和政府对转基因食品的态度千差万别，其中往往涉及成本、收益、贸易等多重因素的考量。不过，从消费者的角度来看，选择还是放弃购买转基因食品，通常主要受两个因素的影响：一个是价格，一个是对其安全性的信心。近年来，随着中国居民可支配收入的持续提高，第一个因素的重要性相对有所下降，同时，由于国内食品安全重大事件频频发生，虽然与转基因食品无涉，但消费者对食品安全性的信心显著下滑，甚至出现了一定程度的食品恐慌。这些都不可避免地对转基因食品所含健康风险的讨论产生影响。据上海交通大学2014年所做相关抽样，在1050个关于转基因食品调查的有效样本中，完全接受者转基因食品的受访者占比不足1%。① 由进口大豆加工而成的豆

---

① 《民调蓝皮书：完全接受转基因食品者为0.9%》，2014年5月15日。URL＝http：//www.yicai.com/news/2014/05/3816513.html。

油是中国市场最常见的转基因食品之一，过去由于价格较低，在国内食用植物油的消费中一直占据绝对优势，近些年，情况已完全发生变化，各种售价虽高但明显标注有"非转基因"字样的油品已越来越多地成为消费首选。进口大豆在中国的形象正因消费者对转基因食品安全性的担忧、怀疑甚至恐惧而变得越来越负面，这已是不争的事实。当然，这并不是说，此种情况会无限持续下去。发展转基因食品仍然被视作解决人类粮食短缺的一条重要途径。尽管如此，消费者的接受度仍将最终决定它的商业应用前景。

那么，如何实现"超越大豆"从而推动形成更健康、更可持续的中拉农产品贸易结构？如果仅从拉美对华农产品出口国主要关切的"附加值"问题着手，答案相对简单：多进口制品、少进口原料。以大豆为例，便是多进口豆油、饼粕，少进口原豆。可探讨的变通路径包括以投资带动间接原料进口等。但仔细想来，这不大可能成为一种有效而长远的方案。相较之，个人以为，对大豆贸易加以引导、推进包括原料及制成品在内的贸易产品更趋多样并在贸易总额中占比更高，应是双方共同努力的方向。在此过程中，需要双方在农产品市场准入、卫生检疫等方面加强互信与合作。智利、秘鲁等国的案例说明，自贸区的设立对提高和平衡双边农产品贸易能起到直接的推动作用。巴西和阿根廷等中国在拉美最主要的农产品贸易伙伴及大豆进口国，目前与中国尚无自贸安排，如有可能商签相关协定，相信也会对未来农产品贸易结构优化带来积极效应。另外，从中方来讲，除平衡进口产品结构外，亦当扩大并推进诸如设施农业类优势产品对拉美国家的出口。

## 第二节　做有竞争力、负责任的投资者

中国目前在拉美的农业投资，总体来看，数量有限、水平参差不齐。以重粮集团和中粮集团为代表的两种国企投资模式，相较而言，后一种在被投资国的接受度更高一些。当然，这并不意味着否定通过土地投资从事替代种植这种方式。严格来讲，它与订单农业等非产权方式本身并无优劣之分，其适用程度和可行性除了会受到被投资国相关政策或反应的影响之外，主要还是与投资者自身的动机与战略有关。重粮集团倾向于海外种植，因其投资动机相对集中于企业和地区层面，同时也交织有某些政治宣传的成分。对中粮集团来说，实现供需双方"直接贸易"虽然

也是推动其投资拉美的因素，不过只是动因之一。用中粮集团前董事长宁高宁的话来说，在中粮集团投资行为的背后，更深层的考虑是：将世界上粮食生产国的产出、物流、加工能力与中国的市场结合起来，从而"为中国未来适度进口"提供"一个更好的供应基础"。[①] 简言之，即实现上下游整合、确保中国的进口安全。

无论侧重企业微观需求，还是注重地区或国家层面的粮食安全战略，甚至也无论企业的性质或类型，对投资拉美的中国企业来说，都需面临的是始于"生存"、终于"生存"的两个问题。前者或可称为"适应性生存"，即克服知识欠缺、经验不足，历经烦恼和痛苦后"活下来"；后者大致可叫做"成长性生存"，即在摸索中学习，融入并在竞争的环境中"活下去"。就农业投资来说，拉美并非一块想象中的处女地。外国投资者在此从事农业领域的投资早在殖民时代就开始了，即便是现在，被业内称为ABCD的四大跨国公司——阿彻丹尼尔斯米德兰（Archer Daniels Midland，ADM）、邦吉（Bunge）、嘉吉（Cargill）

---

[①] 《宁高宁：为未来粮食进口打基础》，《金融时报》中文网，2015年4月27日。URL = http：//www. ftchinese. com/story/001061715. 2016年3月10日登录。

和路易达孚（LouisDreyfus），在拉美农业等相关领域投资的历史也已接近百年。随着时间的流逝，这些公司通过纵向、横向高度一体化和全球经营巩固了它们在市场中的主导地位，并形成了无法"复制"的影响。对于初来乍到的中国企业——尤其如中粮集团这样以国际粮商为发展方向同时兼有执行确保国家粮食安全任务的企业来说，最为关键的是尽快通过有效的学习机制了解当地市场，以本地化为发展方向，不断提高自身竞争力。

就中粮集团的案例来说，目前在尼德拉和来宝集团已有业务和资产的基础上，已大体具备在生产、加工、物流等领域进一步垂直整合的条件，但要具有同其他大型跨国公司和当地公司竞争的能力，还需在核心领域加大投入，以获得相应市场份额。目前看来，通过投资基础设施扩张现有物流网络是较有可能取得双赢结果并帮助增强实力的选项。众所周知，拉美基础设施状况总体不佳，对经济增长和地区内、外贸易构成严重制约。根据世界经济论坛新近发布的《2016—2017年全球竞争力报告》，拉美地区基础设施质量基本位于"不发达"的行列。其中，巴西、阿根廷等地区内最重要的农业生产国的评估数值和全球排名尤其不理想（表10）。以巴西为例，据巴西著名商学院卡布拉尔皇家基金会（Fundação Dom Cabral，FDC）相关数据，巴西物流总成本占 GDP 比重为 11.9%，运输环节比重为 6.8%。一般来说，港口的竞争力是便利商品运输、推动国际贸易的重要因素。在上述 2016—2017 年全球竞争力排名中，巴西的港口设施质量在 138 个国家中位列第 114 名。巴西国家交通运输委员会（Confederação Nacional do Transporte，CNT）数据显示，截至 2015 年 12 月，巴西共有海港和内河港共 35 个，码头终端 122 个，全年水路运输装卸量约 10 亿吨，其中大部分装卸量都集中在巴西，也是南美洲最大的集装箱枢纽港桑托斯。[①] 除桑托斯以外，南大河、巴拉那瓜等几个吞吐量较大的港口，相关配套物流能力也都基本难以有效满足需求。2007 年，巴西政府启动"加速发展计划"（Programa de Aceleração do Crescimento，PAC），旨在加大投资，改善基础设施，给国家经济"解锁"，促进快速增长。该计划迄今已完成两期，总体上看，进展滞后于规划。[②] 2013 年 5 月 16 日，巴西国会通过了一项临时措施议案（MPV595 – 2012），将国营港口向私人资本开放。

---

[①] 参看巴西国家交通运输委员会相关数据与统计（http://www.cnt.org.br）。

[②] 具体目标与规划及各阶段评估结果等详见巴西联邦规划部提供的相关信息（http://www.pac.gov.br）。

议案对 1993 年颁布实施的《港口法》（即第 8630 号法案）做了大幅修改，最显著的变化包括解除了私营企业不得经营国有港口码头的禁令，承诺私营企业自租赁协议签字生效起可获 25 年的特许经营权，到期还可延长 25 年。[①] 该法案为在巴西投资并运营港口码头等物流设施提供了可能。2016 年 8 月 31 日，巴西前副总统米歇尔·特梅尔（Michel Temer）正式接替遭到弹劾的罗塞夫出任总统一职。随后不久，新政府对外公布了 34 个特许经营项目，意味着此前宣称的私有化政策的实质推进。在这 34 个项目中以交通基础设施居多，包括小麦码头、粮食铁路等。[②]

表 10　　　　　　　　　　拉美部分国家基础设施质量情况

| 国家 | 总体质量 | | 道路 | | 铁路 | | 港口 | | 机场 | | 电力 | |
|---|---|---|---|---|---|---|---|---|---|---|---|---|
| | 值 | 排名 | 值 | 排名 | 值 | 排名 | 值 | 排名 | 值 | 排名 | 值 | 排名 |
| 巴拉圭 | 2.4 | 130 | 2.2 | 136 | n/a | n/a | 3.1 | 108 | 2.6 | 132 | 2.9 | 115 |
| 委内瑞拉 | 2.5 | 126 | 2.8 | 119 | 1.5 | 102 | 2.6 | 119 | 2.7 | 129 | 1.8 | 133 |
| 巴西 | 3.0 | 116 | 3.0 | 111 | 1.9 | 93 | 2.9 | 114 | 3.9 | 95 | 4.1 | 91 |

---

① "Medida Provisória No 595, de 6 de decembro de 2012", URL = http://www.camara.gov.br/proposicoesWeb/prop_ mostrarintegra; jsessionid = B 40B4DF031191D605534D82E67D8E3FB. proposicoesWeb2？ codteor = 1047807& filename = MPV + 595/2012.

② 中国驻巴西经济商务参赞处：《巴西特许经营和私有化项目招标时间表》。URL = http://br. mofcom. gov. cn/article/sqfb/201609/20160901397914. shtml。

续表

| 国家 | 总体质量 | | 道路 | | 铁路 | | 港口 | | 机场 | | 电力 | |
|---|---|---|---|---|---|---|---|---|---|---|---|---|
| | 值 | 排名 | 值 | 排名 | 值 | 排名 | 值 | 排名 | 值 | 排名 | 值 | 排名 |
| 阿根廷 | 3.1 | 109 | 3.1 | 103 | 2.1 | 87 | 3.8 | 79 | 4.1 | 87 | 2.7 | 119 |
| 秘鲁 | 3.0 | 115 | 3.0 | 110 | 1.9 | 91 | 3.6 | 88 | 4.1 | 80 | 4.9 | 65 |
| 哥伦比亚 | 3.0 | 113 | 2.8 | 120 | 1.4 | 104 | 3.7 | 83 | 4.2 | 76 | 4.8 | 70 |
| 玻利维亚 | 3.0 | 114 | 3.1 | 105 | 1.9 | 92 | 2.2 | 126 | 3.9 | 96 | 5.0 | 64 |
| 哥斯达黎加 | 3.2 | 106 | 2.7 | 125 | 1.8 | 97 | 3.2 | 102 | 4.6 | 59 | 5.6 | 44 |
| 乌拉圭 | 3.6 | 87 | 3.2 | 98 | 1.2 | 106 | 4.8 | 39 | 4.4 | 66 | 5.9 | 36 |
| 墨西哥 | 4.1 | 69 | 4.3 | 58 | 2.9 | 59 | 4.4 | 57 | 4.6 | 61 | 4.9 | 68 |
| 智利 | 4.5 | 44 | 5.0 | 30 | 2.4 | 80 | 4.9 | 34 | 4.9 | 47 | 5.9 | 37 |
| 厄瓜多尔 | 4.5 | 47 | 5.1 | 24 | n/a | n/a | 4.7 | 40 | 5.1 | 39 | 4.7 | 78 |
| 牙买加 | 4.1 | 70 | 3.8 | 79 | n/a | n/a | 4.7 | 41 | 5.0 | 41 | 4.7 | 76 |

注：（1）1 = 极度不发达，7 = 广泛有效的国际标准。

（2）此处的排名系指在本报告所覆盖的全球 138 个经济体中的排名。

数据来源：Klaus Schwab, ed., *The Global Competitiveness Report* 2016 – 2017, Geneva: World Economic Forum, 2016, pp. 98 – 369. URL = http://www3. weforum. org/docs/GCR 2016 – 2017/05FullReport/TheGlobalCompetitivenessReport2016 – 2017_ FINAL. pdf。

此外，2008 年金融危机爆发后，拉美一些国家加快了向工业政策的转变，旨在加快发展国内工业、提高技术能力。2011 年 8 月，罗塞夫政府推出了一项名为"强大巴西计划"（Plano Brasil Maior）的刺激工业发展方案，旨在通过采取一系列刺激投资与创新、扩大对外贸易、保护工业和国内市场等政策增强企业竞争力、推动经济持续增长。[①] 2012 年 4 月，作为"强大巴西计划"的第二阶段，巴西的新工业政策开始实施。阿根廷政府侧重支持食品工业发展，2010 年 5 月通过的《2010—2016 年阿根廷农业食品和农业加工业战略计划》（*Plan Estratégico Agroalimentario y Agroindustrial*，*Participativo y Federal 2010—2016*）中强调，阿根廷应巩固和加强农产品生产和出口大国的地位，提高出口农产品的附加值，加强在东北部和西北部地区农业基础设施和农产品加工等领域的投资，鼓励在农业产区发展农产品加工业等。[②] 对中资企业来说，扩大对相关拉美国家粮油食品加工业的直接投资也是一个有益的选项。除了与所在国政策较契合、带动当地就业、增加出口产品附加值外，也适应了目前中国政府向外转移制造业过剩产能的战略需求。

农业投资有不同于其他领域投资的特性。作为投资者，中国企业在关注自身利益、保障国内粮食安全的同

---

　　① 参看"Plano Brasil Maior 2011 – 2014：Inovar para Competir, Competir para Creser"，URL = http：//www. brasilmaior. mdic. gov. br/images/data/2014 11/f97a72083144d28b26013b7261e7e06b. pdf。

　　② 相关目标及说明等可参看"Plan Estratégico Agroalimentario y Agroindustrial, Participativo y Federal 2010 – 2016"，Power Point presentó en la sede de CEPAL en diciembre de 2011. URL = http：//www. cepal. org/ddpe/noticias/noticias/4/45184/3_ daniel_ papotto. pdf。

时，需有全球性视野与关怀，尊重国际规则，为被投资国和世界粮食安全做出贡献。在这方面，世界粮食安全委员会于 2012 年第 38 届特别会议和 2014 年第 41 届会议先后审议通过的两个文件《国家粮食安全范围内土地、渔业及森林权属负责任治理自愿原则》（简称《自愿原则》）和《农业和粮食系统负责任投资原则》（简称《投资原则》）提出了许多可供参考的倡议和指导。《自愿原则》主要针对"海外屯田"等大规模农业投资和各国在农业用地治理中的行为，目的在于规范各国土地权属治理、保护被投资国小农户等弱势群体应有权益以及促进农业可持续发展等。[①]《投资原则》并无明确特指，探讨的是农业投资活动普遍应遵守的负责任原则，具体包括：改善粮食安全和营养，促进可持续、包容性经济发展并根除贫困，促进性别平等和女性赋权，推动青年人参与和赋权，尊重农业资源权属原则，保证自然资源的可持续利用、增强抵御能力并减少灾害风险，尊重文化遗产和传统知识并支持多样性与创新，推动建立安全健康的

---

① 《国家粮食安全范围内土地、渔业及森林权属负责任治理自愿原则》，世界粮食安全委员会第 38 届（特别）会议，2012 年 5 月 11 日，罗马。URL = http://www.fao.org/docrep/016/i2801c/i2801c.pdf。

农业和粮食系统，纳入包容、透明的治理架构、流程和申诉机制，评估和应对影响并推动问责等十项原则。① 农业与人类的生存与发展密不可分。从事农业相关的生产与投资活动，需具有某种超越利益之上的责任自觉。

## 第三节　知彼知己、创新科技
### 互补合作规划

科技合作目前是中拉农业合作中比较薄弱的一个领域，表现出来的问题包括形式较为单一、合作水平不高、效果难及预期等，背后更根本的问题，从中方来说，在于对拉美农业科技总体情况底数不清、对如何实现有效互补缺乏战略规划。当前紧要的问题首先是做好深度合作的前期准备，对拉美国家农业科技发展现状、传统及当下优势领域、科技力量的软硬资源、有影响力和代表性的科研机构及其前沿研究等基本信息有清晰完整的把握。

信息的搜集至关重要。据笔者初步考察，在相关语种

① 《农业和粮食系统负责任投资原则》，世界粮食安全委员会第41届会议"为实现粮食安全和营养而发挥作用"，2014年10月13—18日，罗马。URL＝http：//www.fao.org/3/a-au866c.pdf。

外文资料中不乏拉美农业科技资源、优势领域和主要机构的介绍以及对于前沿动态的追踪研究等，虽相较缺乏综合类成果，但信息本身还是非常丰富的。具体材料因数量繁多、信息点分散，难以条分缕析、一一列举。以下几个在国内可能较少为人所知但对了解拉美科技发展现状不可或缺的平台值得特别推介。这些平台虽多以西文、葡文为主，但却为更加集中地找到拉美国家农业科技领域丰富信息，提供了较为便利的路径。其中，尤其值得一提的是1994年创建的伊比利亚—美洲国家科技指标网络（RICYT, La Red de Indicadores de Ciencia y Tecnología -Iberoamericana e Interamericana）。该网络设于阿根廷，参与国包括所有拉美国家以及西班牙和葡萄牙，是目前衡量与分析拉美各国科技发展的重要平台，其活动包括设计科技创新指标，提供有关科技创新的具有国际可比性和可相互交流的信息，传播和推广科技创新信息等。除此之外，拉丁美洲和加勒比以及西班牙与葡萄牙科技期刊网和信息系统（REDALYC, La Red de Revistas Científicas de América Latina y el Caribe, España y Portugal）、拉丁美洲和加勒比以及西班牙与葡萄牙科学杂志网上区域信息系统（Latindex）、拉丁美洲科学期刊索引（Periodica）、阿根廷国家教育门户网站（EducAr)、巴西科学在线电子图书馆（SciELO）、墨西哥国家科学和技术研究理事会科学和技术期刊索引（Irmicyt）等信息系统，亦值得关注。

信息的搜集有必要细化到国别，但具体合作还应分重点展开。事实上，就农业来讲，除却培训、研讨等交流活动外，中国与拉美33个国家一道展开"整体"合作的空间并不如想象中那样"广阔"，该地区许多国家在资源禀赋、农业发展水平等一系列方面差距明显，并无太多可比性。具体到科技层面，也是同样的道理。所以，长远的规划需照顾到差异，区分出与不同组别的国家合作的重点和方式。对于区域内农业科技发展方面水平较低的国家，合作的重点可放在技术援助层面，需有针对性地进行相关项目的设计及国内合作机构的选择。为使中方的技术输出与转让能真正达到预期效果，某些情况下可能需要避免或至少延缓采取援助与投资相结合的模式。总之，即便是援助项目，亦应追求可持续性，避免不了了之。对于区域内某些在农业科技领域有影响力的国家，则需设计出双边优势对接与互补的方案。至于哪些国家较有影响力，联合国拉美经委会生产与企业发展部农业发展组负责人亚德里安·罗德里格斯（Adrián Rodríguez）的统计结论可以部分作为参考。他通过汇总科技成果产出以

及排序农业科技合作伙伴国等方式推算出拉美相关次区域
（南锥体、安第斯、中美洲）中在农业技术领域较有影响力
的国家，它们分别是南锥体地区的巴西、阿根廷和智利，安
第斯地区的哥伦比亚、委内瑞拉和秘鲁以及中美洲地区的哥
斯达黎加和巴拿马（图42）。

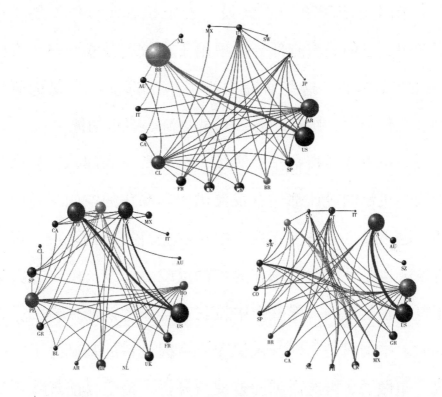

**图42　南锥体（上）、安第斯（左）、中美洲（右）地区中农业科技领域**

**较有影响力的国家**

数据来源：Adrián Rodríguez, "Promoting 'Mutually Beneficial' Agricultural Co-
operation", PPT presented at the Inter-American Dialogue's Agriculture Workshop on
November 20, 2013。

与上述国家（以及统计中未有重点涉及的墨西哥）的合作可以共建研究中心、联合实验室等为载体深入展开，加强合作研究，形成专家常驻机制。中方需适应角色转换，改变目前较被动的状况，明确对外科技合作的目标与诉求，主动规划并提出尽可能具体的动议而非原则性倡议。中国注资 5000 万美元设立的中拉农业合作发展专项资金中，已明确将有部分款项用于在拉美设立5—8个农业科技研发中心。这些研究中心当科学选址，实现优势对接、合作科研、跟踪动态、人员交流等多重功能。

中拉农业科技合作仍然是一个非常新的问题，目前从形式到机制的设计都还有很大优化和深化的空间。其中一些问题事实上并非仅存在于中拉农业科技合作之中，很大程度上也是整体性问题在局部的反映。所以，解决方案也不可能是简单的。就整个中拉农业合作的议题来看，亦是如此。本书只是在现有认识和所掌握材料的基础之上，围绕主题做了尽可能详细的整理与分析。鉴于目前现状不清是格外突出的问题，故本书用了较大篇幅试图将一些基本的线索和重点问题予以厘清，并相应提出了某些初步的看法和建议。希望能对实际工作起到一定的参考作用。

# 主要参考资料

## 一　文献

《国家粮食安全范围内土地、渔业及森林权属负责任治理自愿原则》，世界粮食安全委员会第38届（特别）会议，2012年5月11日，罗马。http：//www. fao. org/do-crep/016/i2801c/i2801c. pdf。

《农业和粮食系统负责任投资原则》，世界粮食安全委员会第41届会议"为实现粮食安全和营养而发挥作用"，2014年10月13—18日，罗马。http：//www. fao. org/3/a-au866c. pdf。

《世界粮食安全委员会的改革：最终版本》，世界粮食安全委员会第35届会议，2009年10月14、15和17日，罗马。

ftp://ftp. fao. org/docrep/fao/meeting/018/k7197c. pdf。

《中国—拉丁美洲和加勒比农业部长论坛北京宣言》，2013
    年 6 月 9 日，北京。http：//www. moa. gov. cn/zwllm/
    zwdt/201306/t20130609_ 3490158. htm。

《中国与拉美和加勒比国家合作规划（2015—2019）》，
    2015 年 1 月 9 日，北京。http：//news. xinhuanet. com/
    world/2015 -01/09/c_ 1113944648. htm。

《中华人民共和国政府与巴西联邦共和国政府 2010 年至
    2014 年共同行动计划》，2012 年 6 月 21 日，里约热内
    卢。http：//www. mofcom. gov. cn/aarticle/i/jyjl/l/201206/
    20120608197997. html。

温家宝：《永远做相互信赖的好朋友——在联合国拉丁美
    洲和加勒比经济委员会的演讲》，《人民日报》2012 年 6
    月 28 日。

习近平：《携手开创中拉全面合作更加美好的未来——在
    联合国拉丁美洲和加勒比经济委员会的演讲》，《人民日
    报》2011 年 6 月 12 日。

浙江海宁市史志编纂委员会主编：《海宁年鉴 2009》，方
    志出版社 2009 年版。

财政部、商务部：《关于做好 2012 年对外经济技术合作专

项资金申报工作的通知》，财企［2012］141 号，2012
年 6 月 19 日。http：//hzs. mofcom. gov. cn/article/zcfb/f/
201207/20120708227115. shtml。

国家发展和改革委员会、国家开发银行：《关于进一步加
强对境外投资重点项目融资支持有关问题的通知》，发
改外资［2005］1838 号，2005 年 9 月 25 日。http：//
wzs. ndrc. gov. cn/zcfg/jwtzp/200804/t20080411＿203661.
html。

国家发展和改革委员会、中国进出口银行：《关于对国家
鼓励的境外投资重点项目给予信贷支持政策的通知》，
2004 年 10 月 27 日。http：//www. sdpc. gov. cn/fzgggz/
wzly/jwtz/jwtzzl/200507/t20050714＿670533. html。

国务院：《关于全面深化农村改革加快推进农业现代化的
若干意见》，2014 年 1 月 19 日。http：//www. gov. cn/
gongbao/content/2014/content＿2574736. htm。

国务院：《中共中央国务院关于加大改革创新力度加快农
业现代化建设的若干意见》，2015 年 2 月 1 日。http：//
www. gov. cn/zhengce/2015 － 02/01/content＿28130 34.
htm。

环境保护部、国土资源部：《全国土壤污染状况调查公报》，

2014 年 4 月 14 日 。http：//www. mep. gov. cn/gkml/hbb/
qt/201404/W020140417558995804588. pdf。

农业部：《关于进一步调整优化农业结构的指导意见》，农
发 ［2015］ 2 号。http：//www. moa. gov. cn/zwllm/zcfg/
nybgz/201502/t20150212_ 4407693. htm。

农业部：《全国农业和农村经济发展第十二个五年规划
（2011—2015 年)》，农计发 ［2011］ 9 号，2011 年 8 月
25 日。http：//www. moa. gov. cn/govpublic/FZJHS/ 2011
12/t20111230_ 2448507. htm。

中国农业部种植业管理司：《全国种植业发展第十二个五
年规划（2011—2015 年)》，2011 年 9 月 20 日。http：//
www. moa. gov. cn/ztzl/shierwu/hyfz/201109/t201109 20 _
2292140. htm。

"Acuerdo Marco sobre el Establecimiento de la Granja Demos-
trativa China en Chile entre el Ministerio de Agricultura de la
República Popular China y el Ministerio de Agricultura de la
República de Chile"，http：//www. odepa. cl/wp-content/
uploads/2014/06/CHINAjunio20121. pdf.

"Convenio entre el Gobierno de Chile y el Gobierno de la Re-
publica Popular China para el Establemiento y Operacion en

Territorio Chino de Una Granja Fruticola Chilena", El 26 de Febrero de 1999. http：//www. odepa. cl/wp-content/up-loads/2014/06/CHINAfeb. 1999. pdf.

Daunarima Renaud, etc. , "Diagnostico de Las Zonas Producttiores de Sisal Híbredo 11. 648, en el Municipio Urdaneta del Estado Lara y su Relación con Problemas Nutricionales y Fitosanitarios", XX Congreso Venezolano de la Ciencia del Suelo, San Juan de Los Morros, 25 al 29 de noviembre de 2013. http：//www. sian. inia. gob. ve/repositorio/congresos/ 20_ CVCS/PDF/UMS/UMS21. pdf.

"Plano de ação conjunta entre o Governo da República Federativa do Brasil e o Governo da República Popular da China, 2015 – 2021", 19 de maio de 2015, em Brasília. http：//dai-mre. serpro. gov. br/atos-internacionais/bilaterais/2015/plano-de-acao-conjunta-entre-o-governo-da-republica-federativa-do-brasil-e-o-governo-da-republica-popular-da-china – 2015 – 2021/ at_ download/arquivo.

Ley 26. 737: Régimen de Protección al Dominio Nacional sobre la Propiedad, Posesión o Tenencia de las Tierras Rurales, Articulos 8o – 11. http：//www. mininterior. gov. ar/fronteras/pdf/

ley – 26737. pdf.

"Medida Provisória No 595, de 6 de decembro de 2012", ht-tp：//www. camara. gov. br/proposicoesWeb/prop_ mostrarin-tegra；jsessionid = B40B4DF031191D605534D82E67 D8E3FB. proposicoesWeb2？codteor = 1047807&filename = MPV + 595/ 2012.

"Memorándum de Entendimiento de Cooperación para la Seg-unda Etapa de la Granja Demostrativa Chileno China", el 23 de Abril de 2004. http：//www. odepa. cl/wp-content/up-loads/2014/06/CHINAabril2004. pdf.

"Plano Brasil Maior 2011 – 2014：Inovar para Competir, Com-petir para Creser", http：//www. brasilmaior. mdic. gov. br/images/data/201411/f97a72083144d28b26013b7 261e7e 06b. pdf.

"Programa sobreel Mejoramiento de la Cooperación Agrícola entre el Ministerio de Agricultura de la República Popular China y el Ministerio de Agricultura de la República de Chile (para los añs 2013—2017)", http：//www. odepa. cl/wp-content/uploads/2014/06/CHINAjunio20122. pdf.

## 二　著作(含年鉴、统计公报等)

陈伟:《中国农业对外直接投资研究》,中国农业出版社
　　2015 年版。

国家发展与改革委员会价格司主编:《全国农产品成本收
　　益资料汇编 2015》,中国统计出版社 2015 年版。

国家粮食局主编:《2013 中国粮食年鉴》,经济管理出版
　　社 2013 年版。

国家粮食局主编:《2015 中国粮食年鉴》,中国社会出版
　　社 2015 年版。

国家粮食局主编:《中国粮食发展报告 2015》,中国社会
　　出版社 2015 年版。

国家统计局农村社会经济调查司编:《中国农村统计年鉴
　　2015》,中国统计出版社 2015 年版。

国家统计局主编:《2014 中国统计年鉴》,中国统计出版
　　社 2014 年版。

国家统计局主编:《2015 中国统计年鉴》,中国统计出版
　　社 2015 年版。

经济合作与发展组织、联合国粮食及农业组织:《经合组

织—粮农组织 2015—2024 年农业展望》，许世卫等译，中国农业科学技术出版社 2015 年版。

农业部国际合作司、农业部对外经济合作中心编著：《中国对外农业投资合作报告（2014 年度）》，中国农业出版社 2014 年版。

农业部市场预警专家委员会：《中国农业展望报告（2015—2024）》，中国农业科学技术出版社 2015 年版。

农业部市场预警专家委员会：《中国农业展望报告（2016—2025）》，中国农业科学技术出版社 2016 年版。

商务部、国家统计局、国家外汇管理局主编：《2015 年度中国对外直接投资统计公报》，中国统计出版社 2016 年版。

宋洪远、张红奎等编著：《中国企业对外农业投资战略研究》，中国发展出版社 2014 年版。

新疆生产建设兵团史志编纂委员会：《新疆生产建设兵团年鉴 1997》，新疆人民出版社 1997 年版。

新疆生产建设兵团史志编纂委员会：《新疆生产建设兵团年鉴 1998》，新疆人民出版社 1998 年版。

新疆生产建设兵团年鉴编辑部：《新疆生产建设兵团年鉴 1999》，新疆人民出版社 1999 年版。

杨易主编:《农业"走出去"重点国家农业投资合作政策法规及鼓励措施概况》,第一至三卷,中国农业出版社2011、2012、2013年先后出版。

Comisión Económica para América Latina y el Caribe(CEPAL),Organización de las Naciones Unidas para la Agricultura(FAO)y la Alimentación y Instituto Interamericano de Cooperación para la Agricultura(IICA),eds.,*Perspectivas de la agricultura y del desarrollo rural en las Américas:una mirada hacia América Latina y el Caribe 2015 - 2016*,San José,C. R.:IICA,2015.

Comisión Económica para América Latina y el Caribe,*Plan para la seguridad alimentaria,nutrición y erradicación del hambre de la CELAC 2025:Una propuesta para seguimiento y análisis*,Santiago,Chile,enero de 2016.

Economic Commission for Latin America and the Caribbean,*Latin America and the Caribbean and China:Towards A New Era in Economic Cooperation*,Santiago,Chile,May 2015.

Figueiredo,Adriano Marcos Rodrigues,Sandra Cristina de Moura Bonjour,orgs.,*Ensaios em economia de Mato Grosso*,Cuiabá:EdUFMT,2012.

Frischtak, Claudio, et al. , *Oportunidades de Comércio e Investimento na China para setores selecionados*, Rio de Janeiro: Conselho Empresarial Brasil-China (CEBC), 2015.

Gelman, Jorge Daniel, y Osvaldo Barsky, *Historia del agro argentina*, Buenos Aires: Mondadori, 2005.

Griffin, Lisa M. , and Robert J. Sanders, eds. , *Brazilian Agricultural Competitiveness and Trade*, New York: Nova Publishers, 2013.

Nogués, Julio J. , *Agro e industria: del centenario al Becentenario*, Buenos Aires: Ciudad Argentina-Hispania Libros, 2011.

Rodríguez, Adrián G. , y Laura E. Meza, eds. , "Agrobiodiversidad, agricultura familiar y cambio climático," CEPAL - Serie Seminarios y Conferencias N°85, junio de 2016.

Sabel, Charles, et al. eds. , *Export Pioneers in Latin America*, Washington, D.C. : Inter-American Development Bank; Cambridge, MA: David Rockefeller Center for Latin American Studies, Harvard University, 2012.

Villela, Fernando, et al, *El sistema de agronegocios de la soja en la Argentina, su cadena prospectiva al* 2020, Buenos Aires：Universidad de Buenos Aires，2010.

Warnken，Philip F.，*The Development and Growth of the Soybean Industry in Brazil*，Ames，Iowa：Iowa State University Press，1999.

## 三　文章

《广西农垦在南美洲投资剑麻项目的经验》，载《中国海外投资年度报告 2005—2006》，社会科学文献出版社 2006 年版。

《黑龙江垦区"走出去"情况、启示及建议》，载国家发展改革委东北振兴司《振兴老工业基地工作简报》2010 年第 107 期。

黄季焜、靳少泽：《未来谁来种地：基于我国农户劳动力就业代际差异视角》，《农业技术经济》2015 年第 1 期。

黄季焜：《农产品进入供需难平衡期的国家食物安全问题》，《江西农业大学学报》（社会科学版）2013 年第 1 期。

黄静：《世界剑麻生产现状及未来展望》，《中国热带农业》2008 年第 5 期。

彭勃文、黄季焜:《中国消费者对转基因食品的认知和接受程度》,《农业经济与管理》2015 年第 1 期。

韦庆龙、谭明玮:《广西剑麻 H·11648 号高产栽培技术探索》,《农业研究与应用》2012 年第 6 期。

Brown, J. Christopher, Matthew Koeppe, Benjamin Coles and Kevin P. Price, "Soybean Production and Conversion of Tropical Forest in the Brazilian Amazon: The Case of Vilhena, Rondônia", *Ambio*, Volume 34, No. 6, August 2005.

"Entrevista con el embajador de Chile en China y presidente de Fedefruta entre el '97 y 2006: El Papel de la Granja Demostrativa en la Apertura Comercial de China: ¿Qué ha hecho y en qué se encuentra ahora?" *Revista Fedefruta*, No. 137, Octubre 2013.

Economic Commission for Latin America and the Caribbean, "Foreign Direct Investment in Latin America and the Caribbean, 2012", Briefing Paper, June 2013.

Fearnside, Philip, Adriano Figueiredo, and Sandra Bonjour, "Amazonian Forest Loss and the Long Reach of China's Influence", *Environment, Development & Sustainability*, Volume 15, Issue 2, April 2013.

Fearnside, Philip M., and Adriano M. R. Figueiredo, "China's Influence on Deforestation in Brazilian Amazonia: A Growing Force in the State of Mato Grosso", Boston University Global Economic Governance Initiative Discussion Paper 2015 - 3. http://www. bu. edu/pardeeschool/files/2014/12/Brazil1. pdf.

Guo Jie and Margaret Myers, "China's Agricultural Investment in Latin America: Less There Than Meets the Eye?" in Margaret Myers and Carol Wise, eds. , *The Political Economy of China-Latin America Relations in the New Millennium: Brave New World*, New York: Routledge, 2016.

Hage, Fábio Augusto Santana, Marcus Peixoto, José Eustáquio Ribeiro Vieira Filho, "Aquistição de Terras por Estrangeiros no Brasil: Uma Avaliação Jurídica e Econômica", Junho 2012. http://www12. senado. gov.  br/publicacoes/estudos-legislativos/tipos-de-estudos/textos-para-discussao/td-114-aquisicao-de-terras-por-estrangeiros-no-brasil-uma-avaliacao-juridica-e-economica.

Hofman, Irna, and Peter Ho, "China's 'Developmental Outsourcing': A Critical Examination of Chinese Global 'Land

Grabs' Discourse", *The Journal of Peasant Studies*, Volume 39, Issue 1, 2012. http：//www. tandfonline. com/doi/pdf/ 10. 1080/03066150. 2011. 653109.

Jales, Mario, Marco Jank, Shunli Yao, and Colin Carter, "Agriculture in Brazil and China：Challenges and Opportunities", Working Paper, Institute for the Integration of Latin America and the Caribbean, Inter-American Development Bank, Buenos Aires, October 2006. http：//idbdocs. iadb. org/wsdocs/getdocument. aspx？docnum＝33036627.

Motta, Renata Campos, "The Public Debate about Agrobiotechnology in Latin American Countries：A Comparative Study of Argentina, Brazil and Mexico", ECLAC Production Development Series No. 193, January 2013.

O'Connor, Ernesto A. , "China, Brazil and Argentina：Agricultural Trade and Development？" *American Journal of Chinese Studies*, Volume 20, Issue 2, October 2013.

# 四　数据库及网站

联合国粮农组织统计数据库（FAOSTAT）

联合国粮农组织法律数据库（FAOLEX）

世界银行统计数据库（http：//data. worldbank. org/）

联合国商品贸易统计数据库（http：//comtrade. un. org/）

美国农业部（http：//www. usda. gov/）

中国国家统计局（http：//data. stats. gov. cn/）

中国商务部（http：//data. mofcom. gov. cn/）

中国农业部（http：//www. agri. gov. cn/）

中国质监局（http：//www. aqsiq. gov. cn/）

巴西发展、工业和外贸部（http：//www. mdic. gov. br/）

巴西农牧业部（http：//www. agricultura. gov. br）

巴西农牧业研究公司网站（https：//www. embrapa. br/）

阿根廷国家统计局（http：//www. opex. sig. indec. gov. ar/）

阿根廷农业产业部（http：//www. agroindustria. gob. ar/）

墨西哥经济秘书处（http：//www. gob. mx/se/）

墨西哥农业、牧业、农村发展、渔业和食品秘书处（http：//www. gob. mx/sagarpa）

智利外交部国际经济关系总司（http：//www. direcon. gob. cl/）

智利农业部（http：//www. minagri. gob. cl）

智利中央银行（http：//www. bcentral. cl/）

秘鲁外贸旅游部（http：//www. mincetur. gob. pe）

秘鲁农业与灌溉部（http：//www. minagri. gob. pe）

乌拉圭 21 世纪投资和出口促进委员会（http：//
www. uruguayxxi. gub. uy）

乌拉圭农牧渔业部（www. mgap. gub. uy）

厄瓜多尔外贸部（http：//www. comercioexterior. gob. ec）

厄瓜多尔农业、畜牧业、水产养殖与渔业部（http：//
www. mag. gov. ec；http：//www. sica. gov. ec；http：//www.
iniap-ecuador. gov. ec）

哥伦比亚贸易、工业和旅游部（www. mincomercio. gov. co）

哥伦比亚农业和农村发展部（http：//www. minagricultura.
gov. co）

委内瑞拉商务部（http：//mincomercio. gob. ve）

哥斯达黎加外贸部（http：//www. comex. go. cr）

哥斯达黎加农畜牧业部（http：//www. mag. go. cr）

牙买加外交外贸部（http：//www. mfaft. gov. jm）

牙买加农业部（http：//www. moa. gov. jm）

玻利维亚国家统计局（http：//www. ine. gob. bo）

玻利维亚农村发展与土地部（http：//www. agrobolivia.
gob. bo）

古巴外贸外资部（http：//www. mincex. cu）

中粮集团有限公司（http：//www. cofco. com/cn/）

重庆粮食集团（http：//www. cqgrain. com/）

荷兰尼德拉集团（http：//www. nidera. com /）

来宝集团（http：//www. thisisnoble. com/）

上海鹏欣集团（http：//www. peng-xin. com. cn/）

联想佳沃集团（http：//www. joyvio. com/）

上海水产（集团）（http：//www. sfgc. com. cn/）

# 致　谢

　　这本书是在我于 2015 年承担的、由北京大学国际战略研究院资助的研究课题基础上修订而成的。现在能够得以出版，要特别感谢北京大学国际战略研究院，尤其是院长王缉思教授一直以来给予的支持和信任。

　　此外，我还想在这里向许多在本项研究进行过程中提供过各种帮助的学者、专家和友人表达内心最诚挚的谢意。他们是：巴西坎皮纳斯州立大学巴西中国研究小组负责人 Thomas Dwyer 教授和经济学院 Walter Belik 教授，巴西圣保罗大学国际关系研究所 José Augusto Guilhon Albuquerque 教授和 Janina Onuki 博士，巴西亚马孙国家研究院 Philip M. Fearnside 教授，巴西南马托格罗索联邦大学经济系 Adriano M. R. Figueiredo 教授，巴西瓦加斯基金会 Michelle Ratton Sanchez Badin 教授，中国驻巴西圣保罗总领事陈曦先生，中国外交部拉美司副司长张润先生，中纺巴西谷物油料进出口公司总经理张培林先生，重粮集团驻巴西代表胡旭先生和乐乐先生，九三集团驻巴西代表姜英石先生，江苏牧羊集团驻巴西代表王亮先生及驻墨西哥代表张林先生，新华社世界问题研究中心沈安研究员，华盛顿美洲对话中拉项目主任 Margaret Myers 女士，前拉美经委会国际贸易和一体化司司长 Osvaldo Rosales 先生，美洲开发银行研究人员 Andre Soares 先生，阿根廷布宜诺斯艾利斯大学农经学院 Fernando Villella 教授，前巴西驻华使馆公使衔参赞 Tatiana Rosito 女士，巴西农牧业研究公司驻中国代表 Damares de Castro Monte 博士，阿根廷驻华使馆农业参赞 Omar Ernesto Odarda 先生，秘鲁驻华使馆商务参赞 Diana Pita Rodriguez 女士，墨西哥经济部驻华代表处 Jose Luis Enciso 公使以及智利驻华使馆商务参赞 Andreas Pierotic 先生等。

在书稿即将付梓之际，我还要向为出版事宜付出大量心血的北京大学国际战略研究院刘春梅老师、中国社会科学出版社张林女士致以深深的谢意。同时，也要向负责本书编辑、校对的出版社工作人员表示由衷的感谢。

中国与拉丁美洲的农业合作是一个大课题，本项研究只是做了一些非常初步的尝试，对相关问题的探讨还大多停留在粗浅层面。囿于学识，有疏漏与缺欠处，还望学界前辈、同行和读者不吝赐正。

郭　洁

2016 年冬于燕园